Enseñar

es

Aprender

Anécdotas y experiencias de una Miss de Inglés.

Marie Perry

DEDICATORIA

Le dedico este libro a mi familia: José Antonio, David, Diana, Belén y Fernanda.

También se lo dedico a las maestras que me apoyaron, me enseñaron, creyeron en mí y me motivaron: Stella Chavero, Miss Cabañas, Miss Leonor, Miss Gina, Miss May, Miss Cata, Miss Juanita, Miss Mariana, Miss Fer, Miss Laura y a cada uno de mis alumnos (860 +/-).

AGRADECIMIENTOS

Estoy muy agradecida con las siguientes personas por:

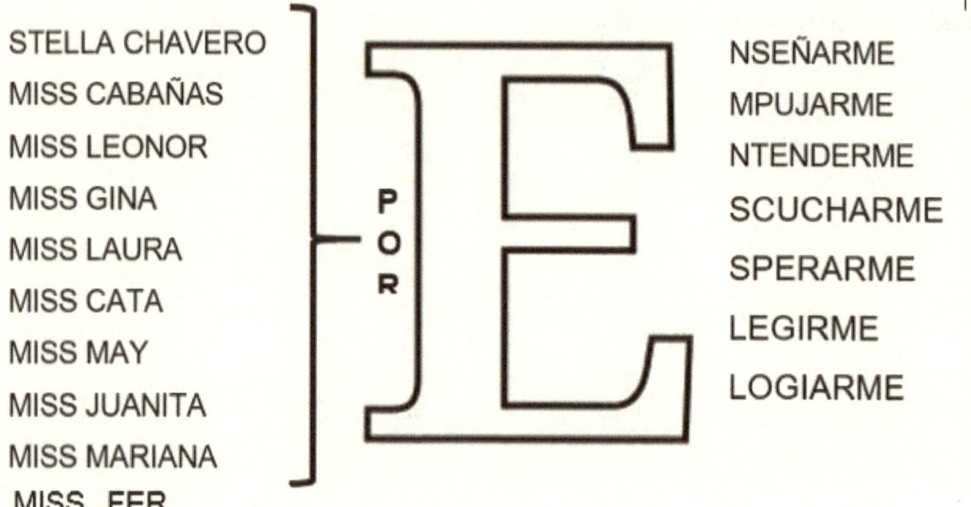

INDICE

PRÓLOGO

Descubrir tu vocación de maestro es encontrarte en medio de un inmenso universo de caritas que te miran ansiosas o rostros de muchachos que te estudian como para entender quién eres y qué pretendes obtener de ellos o caras de jóvenes que te ven con respeto y admiración como a un letrado en alguna materia que deben aprender… y tener de repente el impulso de decir sí, esto es lo que me gusta hacer.

Y en ese momento en el que tomas la decisión, es justo el instante en el que comienza la magia. Sí, es cierto, los maestros nos vamos construyendo día con día, año con año, grupo por grupo, pero ese momento mágico en el que dijiste sí, cambió tu vida.

Habemos muchos de nosotros que andamos por la vida con nuestra vocación de maestros a cuestas, de aquí para allá, cambiando siempre, aprendiendo siempre, entendiendo desde lo más claro de nuestro cerebro y desde lo más profundo de nuestro corazón que vivimos para eso, para enseñar y amando intensamente lo que hacemos.

He tenido la fortuna y el privilegio de compartir parte de mi caminar de maestra cerca de una persona excepcional, una maestra en toda la extensión de la palabra, Miss Marie, como siempre la he llamado. Conocí a Marie Perry hace más de veinte años y he compartido con ella en muchas circunstancias, como mamá de uno de mis alumnos, como compañera de trabajo en dos escuelas, como gran amiga. Considero que si tuviera que mencionar la cualidad que más admiro en ella, diría que es su inmensa generosidad.

Marie es una persona que sabe dar, que da con una sencillez deslumbrante. Ahora tenemos el privilegio de que nos entrega una parte de su vida, que nos comparte sus experiencias de maestra, una maestra que ha vivido plenamente su vocación, que ha sabido sobrellevar mil dificultades, que ha tenido el tesón de seguir adelante no importando los obstáculos que ha encontrado en el camino.

Agradezcamos esta singular oportunidad de compartir con Marie su vocación de maestra, aprendamos de ella, caminemos con ella y descubramos a la gran mujer que nos hace este regalo.

Gracias Marie por el regalo, gracias, Marie por tu vida.

Leonor Silva Schutte

Junio, 2020.

INTRODUCCIÓN

Ser maestra es entregarse con vocación. No es sencillo. En verdad se necesita querer ser maestra. Una maestra enseña, guía, instruye, inspira, transmite conocimientos que como las semillas, crecerán regadas con valores, amor, empatía y aprendizajes que reciban sus alumnos en diferentes etapas. Es una enorme responsabilidad y satisfacción tocar vidas y tener la oportunidad de moldear el aprendizaje de los niños y jóvenes que en el futuro serán personas exitosas.

Ser maestra es fomentar la creatividad y la imaginación, proporcionando las herramientas para que los alumnos se desarrollen en la vida y puedan tomar sus propias decisiones. Ser maestro es saber utilizar nuestra propia experiencia con estrategias adecuadas para ser un facilitador y un guía. Es importante darles la confianza para que no tengan miedo a equivocarse. Es una enorme satisfacción ver que los alumnos se interesan por aprender. Siempre confié en mis alumnos. Cada uno tenía el potencial de aprender, por lo que era importante encontrar la manera de enseñarles. Es buscar la forma de ayudarles a crecer.

El que recuerda sus años en la escuela, no recuerda la metodología, técnicas o sistema, recuerda a la maestra que le dio las herramientas necesarias para enfrentar la vida.

Para mí el ser maestra no es un trabajo, porque eso implica esfuerzo, dureza y cansancio. Para mí es disfrutar al ver la inocencia de los pequeños, es alegría al ver su imaginación volar, es moldear su futuro.

Yo no pensaba en ser maestra. No estudie para ser maestra, porque siento que ya lo era. Los estudios me dieron estructura, metodología y conocimientos, porque la vocación ya la tenía. Desde pequeña jugaba a ser maestra con mis muñecas. Era mi destino ser maestra. Lo traía en la sangre. Mi mamá, no solamente fue maestra, tuvo su propia escuela. De ella aprendí lo primero que se necesita para ser maestra: amor por los niños.

Sin planearlo ni buscarlo, me fui convirtiendo en maestra. Una amiga de mi mamá me invitó a ser suplente en el pueblo donde vivía yo en los Estados Unidos. Lo acepté porque quería sentir la experiencia de estar con los niños. Me encantó. Descubrí que los niños son maravillosos. Son sinceros, atrevidos e inocentes. Aprendí mucho de ellos y de mí misma.

Ser maestra me dio y me da la oportunidad de compartir conocimientos a la biblioteca fantástica que es el cerebro de los niños. La oportunidad de enseñar a los pequeños me inspira a querer aprender y superarme. La posibilidad de compartir mi felicidad con los niños me motiva a ser maestra. Siendo maestra no solamente influyo a los alumnos, si no que a través de ellos influyo en la sociedad. Como maestras influimos en el cambio global para crear un mundo mejor.

Durante muchos años como maestra, he tenido muchas experiencias. Algunas simpáticas, otras difíciles. Algunas con alumnos, algunas con los padres de familia. También de mis compañeros de trabajo aprendí mucho y viví experiencias interesantes.

Ser maestra no es para todos. Se deben tener ciertas características, principalmente vocación. Se puede estudiar y aprender, pero la maestra es la que sabe enseñar a aprender. Vocación es un llamado, sin esperar nada a cambio. Es entregarse, dando tu tiempo, paciencia y conocimientos a los pequeños.

La maestra del siglo XXI en ocasiones enseña lo que no sabe, pero adquiere conocimientos utilizando las herramientas tecnológicas de apoyo. El maestro y el alumno aprenden a la vez. A un buen maestro le gusta aprender y le gusta enseñar.

Ser maestra es..

- ❖ Ver la sonrisa de un alumno al llegar a la escuela
- ❖ Recibir un abrazo con gran cariño
- ❖ Aclarar las dudas de tus alumnos

Ser maestra es…

- ❖ Ver la luz en la mirada del alumno que encontró la respuesta
- ❖ Ponerle una bandita a la pequeña herida con un gran abrazo reparador
- ❖ Escuchar los cuentos y fantasías del alumno que se aísla

Ser maestra es…

- ❖ Tenerle paciencia al alumno que tarda más en terminar
- ❖ Darles una ayudadita durante el examen
- ❖ Dedicar un tiempo de tu descanso para volver a explicarle el tema por décima vez a un alumno

Ser maestra es….

- ❖ Transmitir conocimientos de la materia y de la vida
- ❖ Buscar la mejor manera de darle confianza al alumno que tiene baja la autoestima
- ❖ Comunicarles a los padres de familia de la manera más positiva las oportunidades de mejora de su hijo

Ser maestra es…

- ❖ Dedicar unos minutos para escuchar al alumno de mirada triste
- ❖ Ayudar a sentirse bien a la pequeña que llega con el uniforme arrugado
- ❖ Invitarle una galleta al alumno que no desayunó

Ser maestra es…

- ❖ Permitirle al que llega con malestar estomacal descansar unos momentos
- ❖ Asegurarle que todo está bien a la pequeña que vio un accidente en el camino
- ❖ Secarle las lágrimas a la alumna que sufrió una pérdida familiar

Les contaré mis experiencias, mis consejos y mis memorias porque considero que a quienes fueron parte de estos recuerdos les permitirá recordar lo que vivimos juntas, y para los que no, estas anécdotas les permitirán apreciar que a pesar de que somos maestras, también vamos al super, dormimos, comemos, y también nos enfermamos. Siento mucho desilusionarlos, pero les debo confesar que las maestras no vivimos en la escuela y no somos súper héroes.

** Algunos nombres de personas o lugares que aparecen en el libro son diferentes a los reales por razones de privacidad.

1. MAESTRA DE CORAZÓN

EXPERIENCIAS VIVIDAS

Durante los años que trabajé de maestra, tuve muchísimas vivencias. Me encontré en situaciones con alumnos, padres de familia y colegas. Situaciones como:

- El alumno que comparte su lunch con la maestra
- El padre de familia que agradece el comentario de la maestra
- El colega que te apoya cuando no te sientes bien
- El alumno que te tiene como confidente de su situación en casa
- La alumna que te pide que la peines como tu
- El alumno que te quiere ayudar en todo
- El padre de familia que te apoya en las actividades
- Maestras llorando por no poder tener buen control de grupo
- Alumnos enojados porque sus compañeros no los dejan trabajar
- Padres de familia discutiendo en frente de nosotras
- Alumnos faltándole al respeto a sus padres o abuelos
- Loncheras llenas de dulces o sándwiches con días sin abrir
- Alumnos con uniformes rasgados
- Maestras en gran plática en el celular mientras daban clase

Ser maestra es una vocación que viene del corazón.
Es pasión por aprender de los niños y jóvenes

APRENDIENDO, JUGANDO

Me encanta ser maestra, especialmente cuando veo que mis alumnos han aprendido algo nuevo. Todos los días se aprendemos. Tanto los alumnos como la maestra tienen la oportunidad de aprender. Con observar o escuchar algo nuevo, ya aprendimos. Es por eso que son buenos los estímulos y de diferente forma, ya que los alumnos aprenden de diferentes maneras. Algunos son muy observadores, otros son más inquietos y necesitan realizar actividades, otros retienen bien lo que escuchan. En un salón de clases tienes a 15, 20 o 30 alumnos, cada uno con necesidades y habilidades diferentes. Las actividades que se desarrollan utilizando diversas habilidades son ideales en grupo porque de esa manera todos los alumnos tienen la oportunidad de aprender.

Un día, a la salida de clases, formamos a los alumnos para que observarán la llegada de las personas que iban por ellos. La mamá de una de mis alumnas me hacía señales indicando que quería hablar conmigo. No me acercaba porque no nos estaba permitido sin previa cita. Era mucha su insistencia y se notaba que estaba molesta. Al acercarme, comenzó por decirme que pagaba una colegiatura en la escuela porque quería que su hija tuviera la oportunidad de aprender inglés. Empezó a manotear y a decir que no mandaba a la escuela a su hija para que jugara todo el día. No me daba oportunidad de hablar y no me había dicho con claridad el motivo de su molestia. Seguía manoteando y decía que su hija le comentaba que se la pasaba jugando en la clase. Muy molesta y alzando la voz me dijo que ella no pagaba para perder el tiempo. Cuando por fin pude hablar, le respondí que sí, que en verdad jugábamos mucho. ¡Se sorprendió! Le explique que sí, en efecto jugábamos, pero utilizando siempre el idioma Inglés. De esta forma comienzan a desenvolverse para poder hablarlo. En el juego se les quita el miedo a equivocarse. Sí, jugamos. Son juegos didácticos donde el alumno no se da cuenta que está aprendiendo. Aaah! la mamá me miró y dijo que le parecía estupenda la idea! Ahora se daba cuenta de por qué su hija estaba tan contenta en clase.

Si los alumnos no aprenden de la manera en que les estamos enseñando, debemos buscar una forma diferente de enseñarles con la cual sí aprendan. El niño busca siempre el juego. Piensa en el juego del recreo, con los hermanos, en una fiesta. Los niños viven alrededor del juego. Por lo tanto, debemos enseñarles a través del juego. Buscar incorporar el juego como herramienta de aprendizaje.

Los niños dejan de ser curiosos por miedo a cometer errores y ello los lleva a dejar de ser creativos. Debemos recordar que el ser creativos nos motiva a aprender.

Jugando se acepta cometer errores.
Jugando se estimula la atención, la memoria, la imaginación y la creatividad junto con el razonamiento lógico.
Jugando se estimula el desarrollo afectivo y empático, lo que ayuda en la resolución de conflictos.
Jugando se recibe alegría, felicidad y bienestar.
El juego, bien aplicado, es una excelente metodología.

**EN EL JUEGO A VECES SE GANA
A VECES SE PIERDE,
PERO SIEMPRE SE APRENDE.**

NATIVE SPEAKER

Una persona me insistió en que fuera a una entrevista de trabajo a una escuela cercana a mi casa. Insistió tanto que al día siguiente me presenté con la coordinadora de inglés del colegio. Me entrevistó para el puesto de maestra de inglés de tercero de primaria. Me cayó muy bien y me gustó la escuela. Lo único que no me agradó fue que la escuela se encontraba en la ladera de una barranca y para llegar a los salones de clase tenía que bajar cinco pisos. No suena mal, pero a la hora de la salida, en la tarde, la subida era muy pesada. Cansada, con mochila pesada por los exámenes que tenía que calificar y 20 alumnos llenos de energía, con los que debía subir sin rezagarme, parecía un reto de sobrevivencia de los programas de reality. Me imaginaba que al llegar me recibirían las cámaras y el conductor, con micrófonos en mano , "Miss Marie , cuéntenos , ¿cómo se entrenó para lograr esta hazaña?"

Después de la entrevista le dije a mi esposo que no me gustaría quedarme en esa escuela. No sé porque me imponían las escaleras. Además, aunque no estaba lejos, me había acostumbrado a la escuela anterior, la cual se encontraba a unos metros de mi casa. Pero un mes después me llamó la coordinadora y de inmediato me presenté para trabajar con los alumnos de 3ro de primaria. Aunque me quejaba diario de la subida a las tres de la tarde, trabaje en el colegio durante 11 años, hasta que la escuela cerró.

A Miss Laura, la coordinadora, le gustaba mencionar que era yo "native speaker". Cada vez que lo decía, me imaginaba yo con penacho o plumas en la cabeza, mocasines y sentada frente a un teepee. Sólo faltaba que levantara la mano derecha con la palma hacia fuera y dijera HOW. O en circulo danzando y golpeteando la boca para invocar a la lluvia.

DOS LINDOS GATITOS

Una de las experiencias más dolorosas, literal, sucedió un 12 de diciembre. Se había colocado una tarima como escenario para el festival navideño, justo frente a la fuente. Los grupos salían al escenario por el lado izquierdo. Yo tenía formados y listos a mis alumnos. Al voltear al otro lado del escenario, vi a dos pequeños gatitos (alumnos de preescolar vestidos para su presentación) que caminaban en la barda con los brazos abiertos para mantener el equilibrio, ya que del otro lado el piso estaba a tres metros de altura. No había nadie de ese lado de preescolar, crucé rápidamente frente a la fuente y alcancé a bajar a los pequeños felinos.

Ya que los vi en tierra firme, respiré. Pero al dar el paso para regresar, tropecé y caí. Justo enfrente de la imagen de la Virgen de Guadalupe y en su día festivo. Me quedé en el suelo, aturdida por unos momentos hasta que escuché la voz de un hombre que preguntó si me encontraba bien. Creo que respondí que sí y me levanté. Me dirigí al baño. Tenía sangre en mi cara, dos rajadas en la nariz y mis lentes se me habían encajado. Encerrada en el baño valoré mi alargada nariz. Aún estaba ahí, pero más grande.

Curiosamente no me dolía. Un profesor me colocó unos vendoletes para detener la sangre. Necesitaba ser valorada por un médico. Una compañera me llevó a casa y mi esposo al verme decidió llevarme a urgencias. Después de la valoración médica, me dijo el doctor que tenía la nariz fracturada en tres partes. Literalmente dejé parte de mi nariz en una piedra por ayudar a los pequeños gatitos, pero los rescaté y ello me reconfortaba.

Como maestra dejas parte de ti, a veces literal, por los pequeños. Recuerdo recibir pisotones sin querer, estornudos en la cara, paletas de dulce pegadas en el brazo. Te entregas de corazón, haciendo malabares, pero con satisfacciones maravillosas.

UNA CANCHA, 4 BALONES, 8 EQUIPOS: FUTBOL EN EL RECREO

El futbol es el deporte favorito de los mexicanos. Cuando me casé, entendí lo importante que es en México. Yo no lo entendía muy bien cuando llegué al país; veía a varios jugadores en una cancha corriendo tras un balón. Mi esposo decía "fuera de lugar, árbitro, fue fuera de lugar" . No entendía por qué decía que era fuera de lugar si los jugadores y el balón continuaban en la cancha. Para mi fuera significa que no está dentro. Poco a poco fui entendiendo las reglas del juego. En una cancha se encuentran 2 equipos de 11 jugadores que patean el balón para meter gol en la portería opuesta, donde se encuentra un portero. Eso suena muy sencillo…hasta que llegué a una escuela que a pesar de tener un patio grande para el recreo de los alumnos, era insuficiente para todos los jugadores de futbol. Eso no fue impedimento para que jugaran sus torneos internos, organizados por ellos mismos. En la cancha se encontraban por lo menos 8 equipos y en cada portería , 4 porteros. Una sola cancha, 4 balones moviéndose de un lado a otro durante 20 minutos de juego. Atravesar el patio era imposible. Los balones volaban, los jugadores pateaban su balón a sus compañeros y los porteros paraban los balones de su contrincante. Cómo sabían que balón le pertenecía a cada equipo es aún una incógnita para mí. Aquí no había fuera de lugar; más bien era un amontonamiento dentro de la cancha.

Los niños resuelven a su manera sus conflictos cuando los adultos nos conflictuamos en una cancha con cuatro balones.

REGALOS DEL CORAZÓN

NAVIDAD, DÍA DE LA AMISTAD, DÍA DEL MAESTRO;

tienen algo en común: Regalos.

Son fechas que los alumnos esperan con ansia para darle un regalo a su maestra. Llegan con su cara de ilusión, con una sonrisa para darte el regalo qué tal vez él mismo escogió para ti. ¿Cuántas tazas con chocolates tengo? Las tengo navideñas, con corazones, personalizadas o sencillas. De las personalizadas, las tengo con Marie, Marrie, Mary, Mari, Merie, Merry y otras variantes de mi nombre . Originalmente venían rellenas de chocolates, dulces, nueces o de malvaviscos. Acompañadas con la nota del alumno con el clásico TQM que acostumbran hoy en día. En Navidad eran las bufandas de colores llamativos como morado con puntos amarillos, o rojos con motivos navideños con esferitas o con Santa Claus.. En ocasiones regalaban galletas o pastelitos elaborados por ellos mismos. Las mascadas, estuches para lápices o los artículos decorativos son también regalos muy comunes y muy bonitos.

En ocasiones llevar mis queridos regalos a casa era una tarea que requería gran planeación. Imagínense, época navideña, material que debemos llevar a casa durante las vacaciones de navidad, regalos de los alumnos, cansancio por las actividades de los ensayos de la presentación navideña, subir las escaleras y encontrarnos con muchas macetas de nochebuenas que habían transformado la zona en un fantástico invernadero en el cual el vigilante del colegio nos decía que las había dejado una mamá para qué cada miss se llevara una.   Y si le sumamos a todo ello lo qué tiene qué maniobrar alguna maestra que de la escuela va a un turno vespertino en otro plantel y en ocasiones en camión público, pues sí que se requiere de una buena planeación pero siempre recordando el cariño con el que recibimos tantos regalos .

En una ocasión, una alumna llegó a las 6:45 de la mañana con una gran sonrisa de orgullo para darme una bella gelatina artesanal que había elaborado su mamá. La tuve que guardar en la cajuela del carro ya que no teníamos permitido guardarla en el refrigerador de la cafetería. ¡Cuando salí a las tres de la tarde quise guardar mis cosas y al abrir la cajuela, oh sorpresa! gelatina derretida!

En un día del maestro, una alumna nos dio nuestro regalo, a mí y a mi compañera de español. Los abrimos, los vimos y le dimos las gracias por los collares tan lindos. Cada uno era diferente, pero muy bonitos. Al día siguiente recibimos una nota de la mamá que decía que había cometido un error y que teníamos que intercambiar los regalos, el que le dieron a la de español era para mí y el mío para ella. Hicimos el cambio, aunque la verdad, a mí me había gustado más el primero.

Las mamás son en general las que escogen el regalo que nos darán sus hijos. En ocasiones les permiten escoger algún detalle, que en muchas ocasiones son más significativos que los regalos de compromiso.

Recuerdo que conservé durante muchos años una cajita de papel hecha por una alumna de 2do año de primaria. La decoró con brillantina que se me pegaba al uniforme y dentro de la caja de papel se encontraban unos "aretes". La niña los había confeccionado de papel con un Diurex en la parte de atrás. En su pequeña nota escribió que otro día me daría un rollito de Diurex para poder usarlos más veces. Fue en verdad un regalo muy especial para mí!!!

En la escuela acostumbrábamos a regalar una despensa navideña a las nanitas y los señores de intendencia. Se les solicitaba a los padres de familia que cooperaran con artículos asignados previamente a cada grupo. Ese año mi grupo de 3ro tenía que dar un paquete de papel de baño. Cada mañana recibía las bolsas con los paquetes y los mandaba a la maestra encargada de integrar las despensas. Una de las bolsas que mandé contenía una cajita que no vi. La maestra encargada de las despensas me la trajo y me dijo qué no creía que eso fuera para las despensas. Era un CD de Kamasutra. Lo envolví y lo mandé a casa de la niña que había entregado el papel de baño, junto con una nota. Al día siguiente recibí una nota de la mamá disculpándose, y menciono qué era un regalo para la maestra de su hija de preescolar. Ah caray!!!

Las muestras de cariño de los pequeños son muy especiales. Se guardan en el corazón y son de las grandes satisfacciones que nos regala nuestra profesión.

ABRACEMOS AL MUNDO

Como todas las escuelas en la Ciudad de México realizábamos simulacros de terremoto cada mes, a veces incluso dos veces por mes. Debíamos estar preparados para un terremoto de gran magnitud, deseando por supuesto que nunca ocurriera. La escuela estaba ubicada en la aparte media de una barranca. Cuando se presentaban pequeños movimientos telúricos se escuchaban las piedras rodar a los costados de la escuela. La escalera que había que utilizar para subir los cinco pisos y llegar a la salida era continua y en forma de caracol, por lo que la evacuación a calle no era lo más indicado.

No sé en qué momento terminé siendo la encargada de la organización de estos simulacros. Me dediqué a estudiar los diferentes protocolos y consulté en Internet páginas nacionales e internacionales. Buscaba específicamente la situación de alguna escuela en una barranca pero no encontré nada. Por la ubicación de la escuela me parecía que la mejor estrategia era el repliegue en los salones, pero practicábamos también la evacuación a patio central.

Durante la semana del 19 de septiembre recordamos durante la ceremonia cívica a las víctimas del temblor del '85. El grupo y la Miss a quienes les tocaba la ceremonia debían presentar algún tema sombre el temblor para recordar que siempre debemos estar preparados. Esta vez le tocaba al grupo de 6to año con la guía de Miss Cata. El grupo realizó una "transmisión de radio", y se escuchaba la voz inconfundible de Jacobo Zabludovsky narrar desde su auto, lo que sucedía en ese 19 de septiembre de 1985, hacia entonces 32 años. Fue una forma diferente de realizar la ceremonia.

En toda la ciudad se llevaría a cabo el macro simulacro a las 11 de la mañana, el cual realizaríamos con los alumnos, quienes sabían cómo debían hacerlo: sin correr, platicar o jugar. Se realizó la evacuación en el tiempo adecuado, lo cual les informamos a los propios alumnos. Se les comentó la importancia de un simulacro, de estar preparados y de que en caso de un temblor la evacuación bien realizada podía salvar vidas. Se les platicó cómo fue la situación en el imborrable '85. Quien iba a decir que precisamente después de este simulacro recordando el temblor del '85, a la 1:15 de la tarde voltearía Miss Gina a verme diciendo "¿qué pasa?¿qué está sucediendo?". No había sonado la alarma sísmica, pero se sentían los movimientos de un temblor. Salimos al patio, lo cruzamos para tocar la campana dando aviso de que teníamos que evacuar. Fue impresionante. El piso del patio simulaba olas que se levantaban y bajaban y la barda que limita con la barranca se movía como serpentina. Miss Gina y yo nos mirábamos. ¿qué estaba sucediendo? Los niños bajaban evidentemente asustados. A pesar de que sabían que tenían que hacer, el susto era general. Nunca se había sentido un temblor tan fuerte en la escuela. Esta vez salieron un poco más rápido pero siguiendo los protocolos indicados. Di un giro para ver a Manuel, un pequeño de segundo de primaria que con su tierna mirada preguntaba ¿qué debo hacer? Dimos las indicaciones necesarias para mantener la tranquilidad. Nos empezamos a organizar para que no subieran las escaleras todos de una sola vez, sino que de cinco en cinco. Nadie podía regresar por sus cosas a los salones; ello se haría después ya que no era la prioridad. Empezaron a sonar los teléfonos. Papás preguntaban sobre cómo estaba la situación y si podían ir por sus hijos Claro que podían ir por ellos. Se les aseguró que todo estaba bien y que esperaríamos hasta que fueran por el último alumno.

Dos hermanitos fueron los últimos en irse a las 6 de la tarde, debido a que se encontraban sus papás en el aeropuerto de la ciudad. Algunos niños estaban llorando. Si, estábamos muy asustadas, pero no debíamos demostrarlo y todas las maestras hicieron muy bien la labor que les correspondía. Admirable la respuesta de todo el personal. Ya que estábamos en la parte superior de la escuela, podíamos ver hacia el centro de la ciudad y observar las nubes de tierra que se formaban cuando caían edificios. Fue algo impresionante. En nuestros celulares empezamos a recibir las noticias. Se había caído parcialmente la escuela Rébsamen, también recibimos la noticia del TEC de Monterrey en su campus Ciudad de México, donde colapsaron unos pasillos entre dos edificios. Nosotros en la barranca estábamos asustadas pero controladas en espera de que llegaran los padres de familia. No sucedió nada en la escuela, ni daños estructurales ni heridos. Solamente que todos estábamos asustados.

Es increíble lo que pueden decir los niños en situaciones de apremio. Unos años antes, estando en un salón de clases de segundo de primaria, yo no me sentía muy bien y estaba temblando bastante por mi enfermedad de Parkinson. Los alumnos me preguntaron que podían hacer por mí y en realidad, no hay mucho por hacer, pero les pedí un fuerte abrazo, el cual me dieron todos juntos, todos en bola, todos unidos. Un poco después sonó la alarma sísmica y salimos todos según el protocolo. Se sintió en aquella ocasión un leve temblor, pero aun así los niños se asustaron. Una de mis alumnas volteó y me preguntó, ¿y si abrazamos al mundo dejará de temblar?

Un abrazo dice mucho más que las palabras. Un abrazo se da para felicitar, para fortalecer en la tristeza, para dar esperanza, para consolar una caída, para dar seguridad en la oscuridad. Un abrazo puede detener al mundo para que podamos ver las cosas de otra manera. Un abrazo…. es lo primero que recibimos al llegar a este mundo y lo último que nos llevamos.

LAS MAESTRAS EN JUNTA

¿Te imaginas que de repente desaparecen las maestras? En dos de las escuelas donde trabajé en algunas ocasiones desaparecían las maestras. Les daba una gran alegría a los alumnos cuando de repente se oía en el altavoz "Maestros, a la Dirección" Todas nos dirigíamos a la oficina de la Directora. Si esto coincidía con el descanso, los alumnos sabían que tendrían más tiempo de recreo y se convertía en día de fiesta para ellos. Si esto sucedía cuando los alumnos estaban en clase, ellos se quedaban a cargo de las nanitas. Ya en su oficina la Directora nos informaba de alguna situación importante, algo que no podía esperar a nuestra junta general de los jueves.

En otra escuela, la de la barranca, solo sucedió una vez. Las maestras de inglés desaparecieron. Nunca olvidaré ese día. Pasaron por mí muchos sentimientos y ese día ocasionaría cambios importantes en mi vida.

Era una mañana de octubre, nuestro nuevo coordinador de inglés nos había exigido varias cosas. Planes de trabajo más detallados y exámenes a las maestras, había impuesto zonas de guardias en diferentes secciones de la escuela y deberíamos estar separadas.

Discretamente pasó cerca de mi Miss Mariana, una linda y joven maestra, muy entregada, con gran pasión y dedicación con los niños. Quería decirme algo muy personal. No tardaría más que dos segundos. En ese momento, nuestro coordinador empezó a gritarle, le dijo que no podía hablar conmigo, que le tenía que decir primero a él lo que deseaba decirme.

Ella le explicó que era un tema de mujeres y él se molestó aún más y llegó al punto de faltarle al respeto. Esto sucedió frente a los niños. Le indiqué a

Mariana que mejor se retirara al lugar de su guardia. Estaba tan molesta que decidió ir a hablar con el Director General.

Me pareció muy fuerte lo que acababa de suceder porque se llevó acabo estando niños alrededor. Decidí subir a hablar con el dueño del colegio; le comenté lo sucedido y me pidió que llamara a todos los maestros de inglés para que hablaran con él. Eso significaba que los grupos se quedaban solos y que yo me haría cargo de todos. ¿Cómo lo haría? Les comenté a las maestras que les dejaran a sus alumnos trabajos que pudieran realizar de manera individual y que subieran. Los alumnos de toda la escuela se dieron cuenta de que algo extraño sucedía.

Por iniciativa de Miss Mariana, nos reunimos las maestras de inglés en mi casa. Ahí nos enteramos de que lo que Mariana quería decirme era que le habían diagnosticado cáncer. Mariana tenía 27 años y unas ganas de vivir increíbles.

Sentadas todas las maestras en mi sala, fueron sonando uno por uno los celulares de cada una. Nos estaban citando al colegio al día siguiente a las nueve de la mañana.

Llegamos y entramos al salón de computación, en donde el Director General nos comentó que se había despedido al Coordinador de Inglés. Indico que a partir de ese momento tendrían que ver todo lo de Inglés…… conmigo! ¿Qué? ¿Yo por qué? O como diría una excelente maestra, con un enorme corazón: ¿pooooor?. Me acababan de nombrar Coordinadora de Inglés y no lo esperaba. La ventaja era que los Maestros habíamos formado un buen equipo que trabajaba muy bien y sin duda el trabajo constante y el amor por nuestros alumnos nos había permitido conocernos muy bien. Yo tenía el grupo de segundo año de primaria y además la coordinación. No tuve ningún inconveniente y me encantó ser su Coordinadora. El único problema fue que Miss Mariana estaba enferma y tenía que faltar a clases muy seguido. Tenía que incorporar una Maestra suplente o yo misma entrar a los dos grupos que ella tenía. Entró a trabajar otra maestra con el conocimiento de que cuando Miss Mariana estuviera mejor , regresaría a sus grupos.

En marzo tuve una conversación con Miss Mariana por teléfono y me comento que quería regresar a trabajar, pero aún no la daban de alta de sus quimioterapias. Le comenté que era una excelente maestra, que tenía mucha vocación y que me encantaba su forma de trabajo.

Estuvimos hablando por teléfono durante tres maravillosas horas. Le di consejos; ella lloraba y yo la animaba. Al día siguiente fue ingresada al hospital y cinco días después me llamó su papá para decirme que estaba muy delicada de salud y que tal vez ese sería el último día de Mariana. Decidimos ir a verla pero falleció antes de que llegáramos. Fuimos a su velorio donde su papá me pidió que le relatara parte de nuestra conversación telefónica ya que había sido la última conversación coherente que tuvo Mariana, nuestra extraordinaria maestra. Me siento triste de haber sido la última persona que platicó con ella. En nuestra conversación me había dicho que al día siguiente hablaría con su mamá de varios temas pero ello no sucedió.

Esta situación fue difícil para los alumnos y para nosotras las maestras. La psicóloga, Miss Carmen, había planeado la forma de ayudar a los alumnos a superar la partida de Miss Mariana. Pero días después, Miss Carmen tuvo un accidente y después de varios días falleció. En un lapso de tres semanas habíamos perdido a dos grandes seres humanos y teníamos que enfrentar esto ante los alumnos. Mariana y Carmen nos dejaron enseñanzas muy importantes. Mariana siempre quiso ser maestra y se cumplió su sueño por algunos meses. Mariana será siempre recordada. Carmen, nos ayudó muchísimo a entender a los alumnos y a no engancharnos con los padres de familia durante las citas que teníamos con ellos. Carmen, gracias por tus consejos. No te olvidamos.

LOS MURCIÉLAGOS Y MI DIAGNÓSTICO

Me encantaba trabajar con mis alumnos de 3er año fuera de sus escritorios. Son niños y me gustaba enseñarles cosas de forma diferente, de la forma que les gusta: jugando o haciendo cosas divertidas. Copiar del pizarrón es monótono, cansado y no da aprendizajes significativos a diferencia de cuando los alumnos son partícipes de la enseñanza. Ya sea preparando sus temas, exponiendo o participando activamente, los alumnos no solamente adquieren conocimientos, sino que también adoptan herramientas muy valiosas como la creatividad, la imaginación y la sociabilización.

Leímos una lección sobre murciélagos y decidimos hacer murciélagos de cartoncillo. Junté a los alumnos por grupos y les di el material. Trabajaron sentados en el suelo, lo cual les gusta mucho y todos medían sus murciélagos y los recortaban, trabajando en equipo. Cada equipo en una sección diferente que yo les asigné. Yo me senté en mi silla y a mi espalda se encontraba una ventana que daba a la secundaria de la escuela. A uno de los equipos le tocó el lugar frente al escritorio

un alumno del equipo me hizo una pregunta un tanto inquieto. Para responderle, me levanté de mi silla y en el momento en que empecé a hablar se oyeron cristales que se rompían y un balón de futbol me golpeaba justo en la cabeza. Gracias a Dios, ya que si no me hubiera levantado, el balón le hubiera pegado a mi alumno en la cara y los cristales les hubieran caído a los compañeros de equipo. Debido a que el piso estaba lleno de cristales, salí con los alumnos a trabajar en el pasillo. Ya organizados de nuevo, me acerqué a cada equipo para ver cómo avanzaban. Al acercarme al equipo número 3, un alumno me preguntó la razón por la que mis piernas temblaban. ¿Sería por el susto? Días después otra alumna me preguntó por qué mi brazo temblaba. Yo no me había dado cuenta! Los niños sin pena y con su inocente curiosidad se atrevieron a preguntar y a raíz de sus preguntas fui al médico y fui diagnosticada con Parkinson.

Les doy gracias a mis alumnos, porque por su gran curiosidad, sin miedo a preguntar, me hicieron acudir al médico y ser tratada a temprana edad. Gracias, chicos.

¿VAS AL SUPER?

¿Vas al super? No, no es comercial.

Una tarde fui a comprar mi típico super o despensa de cada semana. Mientras veía la lista de artículos que tenía que comprar, escuché una pequeña voz que decía "¿Miss? , ¿eres tú?" Giré y recibí un fuerte abrazo de una pequeña alumna. Me vio con grandes ojos y con curiosidad me preguntó " ¿Las Misses también van al super? Sí, Mariana. Venimos al super, comemos, dormimos y vamos al baño: pensé yo.

No sé por qué los pequeños se imaginan que vivimos en la escuela y que no hacemos las cosas que hacen las demás personas. Somos para ellos super héroes, seres que por un extraño motivo se la pasan enseñando a niños. Los pequeños nos ven "jóvenes y guapas" y asumen que debemos saber todo. ¿Si somos super héroes por qué necesitaríamos ir al super? Los super héroes no van al super. ¿Alguien se ha encontrado a Batman o a Superman en el super? ¿O a Spiderman en el cine? ¿O a la Mujer Maravilla vacacionando en la playa? A las maestras tampoco, según los alumnos más pequeños, porque somos para ellos sus super héroes.

Las Maestras debemos cuidar nuestra imagen y nuestro actuar ante los niños, ya que somos para ellos un ejemplo muy importante.

2. LOS NIÑOS Y SUS OCURRENCIAS

Alumno

Es fácil ser maestra con alumnos como tú,
Cada día es muy especial para mí,
Sus ágiles mentes me tienen siempre alerta,
Y hacen que sea feliz, siendo su maestra.

Alumnos como tú, me enseñan a ser mejor.
Ponen atención, aprenden y se divierten.
Me llenan de satisfacción.
Hacen de mi trabajo una diversión.

Gracias por ser tan especiales,
Gracias por darme sus sonrisas.
Cuando regreso a casa, estoy feliz.
Siempre recordaré lo bien que me hacen sentir.

ANDRÉ Y EL ALACRÁN

André era un alumno tímido, con la autoestima muy baja. André tenía un leve autismo; en ocasiones estaba distraído en su propio mundo, le daban miedo muchas cosas, y se distraía con facilidad Buscaba atención, principalmente la mía.

Un día platicábamos en clase sobre los animales que viven en el desierto. En el libro aparecía la imagen de un alacrán. André empezó a decir repetidamente "alacrán, alacrán". Sus compañeros lo callaban, pero él seguía repitiendo "alacrán, alacrán". Para evitar que sus compañeros lo siguieran molestando, le di permiso a André de ir al baño. Mientras tanto platiqué con los demás alumnos sobre las características de André y las causas de su comportamiento.

Cuando André regreso al salón, entró gritando "alacrán, alacrán." Le pedí que se tranquilizara y que se sentara en su lugar pero él seguía repitiendo "alacrán, alacrán". Yo le dije que podía ver el alacrán en su libro y me dijo: "no, alacrán afuera".

Me sorprendió y salí a ver a que se refería y efectivamente me encontré un alacrán sobre el barandal del pasillo. Me sorprendí y le di las gracias porque los niños normalmente salían y deslizaban su mano por todo el barandal. Gracias a André que nos avisó el alacrán fue retirado de inmediato por una de las personas de Intendencia.

En otra ocasión, nos encontrábamos en el patio de la escuela, ensayando para el festival de Navidad. Las niñas se acostaban en el piso y movían sus manos hacia los lados. De repente se levanta una niña y empieza a apuntar a otra y decía tantas cosas que no se le entendía nada. Me acerqué hacia la niña a la que apuntaba y simplemente levantó el brazo y abrió la manga de su sudadera para que yo viera lo que se encontraba adentro. ¡Oh sorpresa! Un alacrán caminaba ahí adentro. De inmediato alcé sus brazos y de un jalón le quite la sudadera. El alacrán salió volando y cayó frente al profesor de música quien inmediatamente y por instinto lo mató. Mandé a la niña a ser valorada en la enfermería para ver si la había picado. La mamá de la niña trabajaba en la escuela, por lo que le llamé y le conté lo sucedido. Ella creyó que el alacrán lo traía desde casa donde se puso la sudadera y extrañamente hasta ese momento empezó a caminar y así se dio cuenta de que lo tenía en su cuerpo; habían pasado por lo menos dos horas. Suena increíble y lo sorprendente fue que el alacrán no le hizo ningún daño.

Debemos escuchar siempre a los niños por muy extraños que nos parezcan sus cometarios porque puede ser una alarma o un aviso de una situación que amerita atención.

MATEO SE "DESCABEZÓ"

"¡¡Miss, Miss, Mateo se descabezó!!"llegó gritando un pequeño de 1ro de primaria." ¿Qué dices?" No sabía qué quería decir. ¿No tenía cabeza? Sabía que se trataba de una emergencia por el tono de voz. Dejé mi almuerzo, atravesé el patio y al entrar a la dirección veo un niño bañado en sangre desde el cabello hasta los zapatos. Mateo me repetía "no te asustes, Miss. No te asustes." Con la posible calma en estos casos empecé a limpiarle la herida en la frente mientras platicábamos de cualquier cosa para que se distrajera. ¿Qué juegas en el recreo? Dime los colores en inglés, etc.

La herida era de aproximadamente un centímetro, pero parecía mayor por la cantidad de sangre.

Su hermano, un año mayor que él, se acercó a la ventana para corroborar que Mateo estuviera bien. Me daba indicaciones desde afuera. "¿Apriétale la cabeza, límpiale con un kleenex, ponle hielo, que coma pan, te ayudo, Miss? Eran sus sugerencias, mientras les pedía a las otras maestras que se hicieran cargo de su hermano, a otras que pasaran material de curación, otras que llamaran a su casa, mientras yo preparaba vendoletes y seguía platicando con Mateo. ¿De qué color son tus calcetines?, ¿qué te gusta comer?, etc.

La atención bien coordinada y conservando la calma logra resolver las emergencias. Un gran equipo de trabajo para atender al descabezado…digo ….descalabrado.

ABUELITA .....S

Marisol era una niña muy pequeña con una cara bonita y tierna. Apenas nos estábamos conociendo. Hacía tres semanas del inicio de clases. Un miércoles le pregunté porque había faltado lunes y martes a lo que me contestó que había fallecido su abuelita. Tenía lágrimas en los ojos y la tranquilicé. A los dos meses, igual en un miércoles le pregunte la razón por la cual había faltado nuevamente el lunes y el martes. Me contestó: "es que falleció mi abuelita". "¿Cómo? ¿otra vez?" le dije y me dijo: "no, ésta es la abuelita de Toluca", por lo que entendí que era la otra abuelita.

Regresando de vacaciones de Navidad faltó otra vez y le volví a preguntar las razones, a lo cual me contestó: "es que falleció mi abuelita" ¿ cómo, cuántas abuelitas tienes?" "Normalmente tenemos dos" e ingenuamente me respondió: "no sé, mi mamá me dijo que eso dijera".

Estamos enseñándoles a mentir, a hacer excusas. Marisol estaba muy apenada, pero siguió la recomendación de su mamá .

ESAS PREGUNTAS

Hmmmm……. Es algo que……

Soy de la opinión de que a los niños se les deben responder sus preguntas siempre de acuerdo a su nivel. Su curiosidad natural los hará encontrar una respuesta y podrían encontrarla, pero equivocada o inadecuada de acuerdo con su edad y madurez.

Yo daba clase de inglés en 3ro de primaria. Los niños están en la edad de las preguntas más profundas, pero las respuestas deben ser a su nivel y en el lugar adecuado.

Les solicite que copiaran en sus cuadernos lo que yo escribía en el pizarrón. Escuche una voz al fondo del salón, "¿Miss, te puedo hacer una pregunta en español?" Isaac era un niño callado y tímido, y normalmente no hacía preguntas, aunque tuviera dudas, lo que significaba que era algo importante para él. Giré y escuché su pregunta. Desde el fondo del salón, con 23 alumnos, Isaac dijo "¿qué es un condón?" gulp………pienso rápido en la respuesta y digo " Es algo que se utiliza para prevenir contagios de enfermedades ". Isaac solo dijo "ah, como una aspirina para el dolor". ufff……. Isaac se quedó tranquilo con mi respuesta, pero al momento de tomar su lápiz para seguir trabajando.

La pequeña Karla se levanta de su lugar y se coloca al frente del salón. Se prepara para dar su plática y dice con gran seguridad "el condón es algo que utilizan los hombres cuando son grandes para no tener hijos, pero tú estás muy chico para usar uno". Gracias Karla, por favor siéntate y seguimos trabajando "gulp… Karla tiene más información de la que yo tenía a su edad. Karla, con sus 8 años de edad ya tenía novio.

A veces, como maestra nos ponen en apuros.

La improvisación es buena pero las palabras que utilicemos deben estar muy bien elegidas. Debemos tener cuidado con nuestras respuestas con los temas que deben tratarse en casa.

LOS TEMISCOLES

Ya era hora de la salida. Pronto llegarían los padres de familia por nuestros alumnos. Los formamos y les pedimos que se sentaran en el suelo ya que era importante mantener el orden y silencio para agilizar la salida.

Al estar vigilando a los alumnos, me doy cuenta de que Ernesto y Josué estaban luchado en el piso. Me acerque para separarlos y parecía que Ernesto le aplicaba una llave dolorosa a Josué. Levante la voz y pregunté: "¿Qué están haciendo? "Asombrado Ernesto respondió " estamos jugando a los temiscoles" …hmmm …" ¿y eso qué es?" a lo que Ernesto responde con voz fuerte "pues yo le agarro ahí y el me agarra aquí y vemos quien aguanta más" …"Están distrayendo a sus compañeros, por favor se separan y no se pongan a jugar así"

Los temiscoles…… no podían decir bien el nombre del "jueguito" pero sí como jugarlo.

Al comentarlo con su Mamá no se sorprendió y me dijo que Ernesto así jugaba en casa con sus primos.

Lo que está permitido en casa no necesariamente está bien visto en el ámbito escolar.

LAS NARANJAS

Durante el año escolar procurábamos salir con los alumnos de paseo. Podía ser a un museo, parque o fábrica.

En alguna ocasión llevamos a los alumnos de secundaria a un parque. Ellos se organizaron para llevar el lunch y compartirlo. Llevaron papitas, pepinos, jícama y sándwiches. A uno de ellos se le ocurrió llevar naranjas. ¡Qué buena idea en ese día tan caluroso!

En el camino comieron algunas naranjas dentro del camión porque hacía mucho calor. Al llegar al parque fue curioso notar que algunos alumnos tenían la nariz roja, si bien no hacía frio. …. Curioso. Los que habían comido naranjas eran los que tenían la nariz roja. Mmmm…. Empieza la investigación. Primero preguntas. A la niña que tenía la nariz roja y los ojos entre cerrados. ¿te sientes bien? ¿Qué desayunaste? Al chico que se tropezó tres veces seguidas. ¿traes las agujetas amarradas? Al chico que no para de reírse y tiene sonrojada la cara ¿Quién te conto el chiste? Mmmmm…. ¿Por qué todos quieren naranjas? Coman sándwiches. Cuando la investigación se vuelve más concreta, descubrimos que las naranjas habían sido inyectadas ……. ¡con vodka!

Lo que se ve a simple vista puede no ser lo que creemos.

CUANDO TE DIVORCIES

Los niños viven en su mundo, en una realidad particular. No saben que otros pueden estar viviendo experiencias diferentes.

Una alumna me hacía preguntas sobre mis hijos y sobre mi esposo. Me preguntaba la edad de mis hijos. El nombre de mi esposo. Y me preguntó: Miss cuándo te divorcies ¿qué vas a hacer? Le respondí que no me iba a divorciar. Jimena volvió a preguntarme "no Miss, cuando te divorcies " . Para ella no era una elección, el divorcio era una afirmación. Sus padres se divorciaron, por lo tanto, para ella es una etapa del ciclo de la vida. No es una posibilidad, es un hecho. Los más pequeños viven su realidad, en su mundo hasta que empiezan a razonar que cada uno vive su propia experiencia.

Los más pequeños pueden hacer afirmaciones simpáticas, como el niño que dice que cuando sea mujer……o el niño que afirma que cuando se embarace tendrá una niña.

A Jimena, que ya debe de estar en secundaria, le puedo asegurar que no me divorcié ni lo haré, pero le agradezco su preocupación.

ALAN , UN PRÍNCIPE CON PASAPORTE

El pequeño Alan era muy simpático y tenía gran capacidad creativa. Realizaba cosas de origami diseñaba un estuche de papel para sus colores o traía un sándwich original.   Le gustaba platicar con su amigo Luis todo el día. Por más que les pedía que no lo hicieran en clase, simplemente tenían mucho que comunicarse. Lo mejor era separarlos. Que sus lugares estuvieran separados como si hubiera una frontera entre dos países y para poder visitarse necesitarían los permisos necesarios, o sea, el mío. Así se los comenté y acomodaron sus bancas como les indiqué. El día siguiente me presentó Alan un "pasaporte" que él había elaborado y me solicitaba la "visa" necesaria para poder pasar la frontera y visitar a Luis. ¡Qué ingenio! Lo tuve que felicitar por su creatividad y le comenté que la "visa" se la ganaría cada día si su comportamiento era el adecuado. Fue la solución para que no se distrajeran y pusieran atención, ya que desde entonces estaban atentos durante la clase y al final del día les daba unos minutitos para cruzar la frontera.

La creatividad de Alan me hacía pensar que sabía ingeniarse para resolver y solucionar diversas circunstancias de manera muy fácil. Pero no siempre debe uno confiarse. Son niños aún y necesitan que estemos al pendiente.

La clase abierta en esta escuela consistía en representaciones de obras teatrales con conocimientos adquiridos durante el año escolar intercalados en el diálogo de los personajes. Las obras eran adaptadas por las maestras o escritas por ellas. En este caso yo la escribí, pero debo reconocer que mis alumnos me ayudaron a enriquecerla; cuando ensayábamos se les ocurría improvisar algún elemento que me parecía bueno incorporar. El día de la presentación los alumnos debían venir con los atuendos de su personaje.

Cada año los padres de familia se quejaban de que tenían que comprar disfraces costosos. Para evitar quejas, les dije que confeccionaran algo alusivo a su personaje con lo que tuvieran en casa y nada más. Estaba segura de que Alan traería algo creativo. Para mi sorpresa, no fue así. Alan tenía el personaje del príncipe, el cual con una banda real y una corona hubiera sido suficiente, pero llegó con un traje de vestir y nada más. Teníamos 15 minutos para comenzar Y algo tenía que ingeniar. Conseguí papel dorado, perfecto para una corona y unas hombreras al estilo del príncipe de la Cenicienta, que con un listón rojo y ancho fue la perfecta banda real. Cuando Alan salió a escena, su mamá se sorprendió. Al terminar la obra, se acercó y me dijo que su hijo le había dicho que no necesitaba disfraz por lo que me di cuenta de que las notas que le mandé no sé las enseñó a su mamá, así que ella confió en lo que le decía su hijo y yo no tuve la precaución de revisar la entrega de dichas notas.

Al final, Alan se vio muy elegante, con sus hombreras y su banda, y todos mis alumnos realizaron una "demostración" muy bonita. Estoy muy orgullosa de ellos porque lo hicieron de manera excelente.

No debemos asumir que las cosas se realizarán como uno se imagina, debemos asegurarnos de que los mensajes se entiendan bien.

SIMÓN, EL ENAMORADO

De chicos es muy común enamorarse de alguna figura que representa una autoridad y las maestras y profesores somos personajes de autoridad y también de confianza.

Recuerdo que en el grupo de 3ro de primaria tenía más alumnos que alumnas. La mayoría muy bien portados y atentos en clase.

Mientras pasaba entre las bancas de mis alumnos, checaba su trabajo y aclaraba sus dudas.

Al llegar al lugar de Simón, observé que había anotado la fecha mal por lo que le señalé el error y volteo a verme. Le comenté como debía anotar la fecha y siguió con la vista hacia mí. Le volví a señalar el error pero no dejaba de mirarme. Entonces comprendí: estaba mirándome como el enamorado que ve la belleza de su pretendida. Le volví a señalar su error y entonces sacudió su cabeza como para despertar de su sueño.

Simón no fue mi único enamorado. A través de los años reconozco a tres: Simón, Daniel y Aldo, quienes fueron excelentes alumnos y los recuerdo con mucho cariño.
Situaciones como éstas son delicadas y hay que saber manejarlas sin desilusionar a los niños.

¡ME GANÓ, MISS!

Siempre me gustó trabajar en el salón de clase con actividades divertidas, muy a menudo adaptando el contenido del libro. Por ese motivo, mis alumnos no sabían que seguiría, qué actividad haríamos o que aventura emprenderíamos ese día. Se preguntaban también cómo sería la dinámica que aplicaríamos.

Empecé la clase como todos los días, nos saludamos y les expliqué el trabajo. Se trataría de qué cada uno escogería un personaje, en turnos se entrevistarían en Inglés y luego lo compartirían como si fuera parte de un programa de televisión. Se emocionaron mucho y tenían ganas de empezar para que nos diera tiempo de terminar.

Natalia se levantó de su lugar. Se dirigió a sacarle punta a su lápiz. Se paro al lado del bote de basura cerca de la puerta del salón donde permaneció varios minutos y de repente casi se arrodilla frente al basurero, por lo que le pedí que se fuera a sentar a su lugar y me hizo una señal con su dedo para que me acercara a ella. Llegué y acerqué mi oído. En secreto me dijo:

"Miss, me ganó. Me hice pipi". Como nos encontrábamos cerca de la puerta, le indique que saliera discretamente y fuera a los baños para que una nanita le ayudara. Mientras tanto yo discretamente cubriría su secreto para que nadie se diera cuenta.

A los cinco minutos sonó la campana para salir a descanso y efectivamente nadie se dio cuenta.

Un poco más tarde su mamá le trajo un cambio de ropa, me agradeció el no haber evidenciado lo ocurrido y me mencionó que Natalia le comentó que no pidió permiso para ir al baño porque le encantaban mis clases y no quería perderse ni un minuto de ellas.

Como maestra debemos tener cuidado de no evidenciar a los chicos frente de los demás. Eso no les ayuda en su autoestima y la forma en que los haces sentir les quedará como un recuerdo permanente..

ALDO

El primer año de maestra, en mi pueblo de los Estados Unidos fui suplente para una escuela grande. Muy seguido me llamaban para suplir alguna maestra, y generalmente era por varios días.

Aldo era un niño introvertido, callado y tímido que no jugaba con sus compañeros en el recreo. El primer día que llegué, se acercó y me dijo "¿También tú te vas a ir?" Y le respondí que estaría supliendo unos días. Se puso muy triste y me dijo qué todos siempre se iban, que nadie se quedaba cerca de él.

De la Dirección de la escuela había recibido un escrito que decía que debía revisar los bolsillos de Aldo antes de la última formación del día porque siempre se llevaba cosas que no eran de él. La verdad es que me daba pena hacerlo. El primer día formé a todos los alumnos, incluyendo a Aldo y les señalé que podían retirarse. Aldo se acercó y me preguntó si lo revisaría. Le pregunté si se llevaba algo que no fuera suyo, a lo que me dijo que no. Le comenté que podía retirarse. Se dirigió desconcertado a la puerta y se regresó, sacando de sus bolsillos un puño de varias cosas: gomas , sacapuntas, monedas, frijoles, lápices. Solamente me dijo que eso no era suyo.

Al día siguiente sucedió lo mismo. Al tercer día ya no se llevó nada. Platiqué con él durante los descansos de los pocos días que estuve en la escuela y uno de los días me entrego una carta, claramente escrita por él. Me solicitó que la abriera cuando estuviera ya en casa.

Aldo me había escrito una carta de "amor". Decía que me amaba, que le gustaría que viéramos juntos una película en la cama y después bañarnos. Ya después podríamos comer pizza en la sala. Me llamó mucho la atención porque no era la típica carta de amor de un niño para la maestra con las letras TQM al centro de un corazón.

Al día siguiente platiqué en el descanso con Aldo; me comentó que sus tardes eran aburridas porque su papá y su mamá se iban a trabajar y su hermana de 16 años invitaba a su novio a ver películas en la recámara de sus papás y se enojaba si él pasaba por el pasillo. Dijo que oía que su hermana y su novio reían mucho y que cuando salían estaban muy contentos y por eso él pensó qué sería algo divertido que podríamos hacer juntos.
Obviamente los papás no estaban enterados de las visitas del novio.

La Directora decidió citar a los padres de Aldo para comentarles la situación, quienes nos agradecieron el comentario y aseguraron que estarían más al pendiente.

Lo que necesitaba Aldo era atención de calidad y ser valorado.
Muchos años después, en una de mis visitas de verano al pueblo dónde vivía antes de casarme, me encontré a un hombre con una niña en brazos de unos dos años aproximadamente. Me reconoció y me dijo: "Soy Aldo y ella es mi hija."
Como crecen nuestros exalumnos, nosotros no tanto.

Es importante que le demostremos confianza a los niños para que ellos se sientan más seguros. En el futuro heredarán esos valores a sus hijos.

SI ERES VIEJITA , CONOCISTE A LOS DINOSAURIOS

Subíamos las escaleras al final del día escolar, lo cual era una buena odisea. Yo con mochila repleta de artículos que había ocupado para mis clases del día y dado que los pequeños de 2do año avanzaban rápido, me costaba trabajo ir al ritmo de ellos. Les pedí que se detuvieran para que yo tomara un poco de aire y uno de los alumnos volteó a verme y me dijo "si Miss, porque tú estás en tu vejez" Su hermano, dos años mayor y muy atento a la plática le dijo que así no se le decía a una maestra, a lo que el menor respondió: "entonces Miss, eres una anciana." El hermano rápidamente le dijo "Se dice de la tercera edad porque está viejita" Como decía mi mamá: "no me amueles" ¿no es lo mismo?

Para los más pequeños todo lo sucedido ayer es igual a lo que ocurrió hace millones de años, ya que no se ubican bien en el tiempo.

Alguna vez en el salón de clases platicábamos sobre cómo eran las cosas antes y cómo son en la actualidad. Les comenté que la televisión era en blanco y negro, que los teléfonos eran inalámbricos y con disco giratorio, que no existían celulares (lo cual les sorprendió muchísimo) y que no existían los video juegos.

Entonces un alumno se levantó y muy entusiasmado me preguntó: "Entonces, ¿tú conociste a los dinosaurios?"

Me encantan los comentarios de los niños, ya que son muy sinceros y a veces chuscos.

NO ERES LA MISS PERFECTA

Un día trabajaba con el grupo de tercer año de primaria. Por distracción escribí algo en el pizarrón que después me percaté que estaba mal. Antes de que mis alumnos se dieran cuenta, les dije que me disculparan ya que había un error. Les dije que no era perfecta, que era normal.

Después de varios minutos, se me acercó un alumno y me dijo " Miss , no eres la maestra perfecta, pero si eres la persona perfecta porque no solo nos enseñas inglés; también estás pendiente de lo que necesitamos y siempre buscas las palabras y acciones adecuadas para hacernos sentir bien y seguros. Gracias , Miss".
Gracias a ti Mauricio por tus palabras. Ustedes también me hacen sentir bien.

Existe una frase cuyo mensaje es que no importan las palabras, sino como te hagan sentir, ya que ello es lo que vale más.

3. SPANGLISH

Es la deformación del lenguaje verbal en el que se mezclan elementos del idioma inglés y del idioma español

EL SPANGLISH DE MIS ALUMNOS O MAESTRAS

Es muy común que al traducir palabras de un idioma a otro se cometan errores, algunas veces simpáticos, otras un tanto terribles. A veces pensamos que porque una palabra en el otro idioma se parece, tiene la mismas definición o uso.

Muchísimas veces escuché o leí traducciones muy extrañas, muy chistosas. En algunos casos son errores que nos pueden meter en problemas. A mis alumnos siempre les decía que no inventaran en inglés o en español. Les contaba la anécdota de mi papá. Esto fue real y sucedió en 1960, en el hotel María Isabel en la Avenida Reforma, en plena Ciudad de México.

Mi papá vino de Estados Unidos a México parar asistir a un congreso en el hotel. Su avión se retrasó por lo que llegó tarde al registro del congreso y apenado quiso pedir disculpas por el retraso: tomó el micrófono y dijo con un fuerte acento "perdón, yo estar muy embarazado". Se podrán imaginar las miradas de todos los asistentes. En inglés "embarrased" significa apenado y la similitud de la palabras le hizo pensar que significaban lo mismo.

Otro error muy común, del español al inglés, es cuando queremos pedir aderezos para la hamburguesa. Se podría creer que catsup, que suena a una palabra en inglés, tenga el mismo significado . Los vocablos de catsup suenan como las palabras en inglés: cat y soup. Juntas, cat soup, significan sopa de gato, así de que creo que es preferible pedir Ketchup, como es en inglés, para que nos den catsup.

También existe confusión en las palabras hot cakes. A lo que nosotros llamamos hot cakes, el cual se hace en una sartén , generalmente para el desayuno y que bañamos con miel de maple, en inglés se le dicen pan cakes. Un hot cake en inglés sería un pastel caliente.

Existen en inglés muchas palabras similares al español en pronunciación u ortografía, pero que significan cosas totalmente diferentes. Estas palabras se les llaman False Friends. Se debe tener mucho cuidado con ellas porque nos pueden meter en problemas

Por ejemplo:

PALABRA EN INGLÉS	NO SIGNIFICA	EN ESPAÑOL
Carpet	Carpeta o folder	Alfombra
Exit	Éxito	Salida
Fabric	Fábrica	Tela
Preservative	Condón	Conservadores
Molest	Molesto o molestar	Abusar sexualmente
LIbrary	Librería	Biblioteca
Constipated	Constipado	Estreñido
Lecture	Lectura	Conferencia

También los alumnos y maestras se inventan palabras que incluso no existen en alguno de los idiomas. Generalmente le ponen la terminación *-tion* para decirla en inglés o le quitan la última sílaba.

Por ejemplo: natación   - dicen natation

         Repartir   - dicen repart

   También existen errores que para entenderlos se tienen que traducir al idioma original, lo cual sucede por hacer traducciones de manera literal. Este tipo de errores los cometían muy seguido maestras cuando estaban en las entrevistas para solicitar empleo. Cuando les pedía realizar una clase muestra, me fijaba mucho en estos errores porque generalmente son vicios difíciles de erradicar. Los errores gramaticales o de pronunciación ocasionales no me preocupan tanto, ya que se pueden corregir.

Al solicitar la atención de los alumnos es un error decir "put attention", ya que debe de ser "pay attention". Put es poner, colocar y pay se refiere a otorgar "atención".

Otra frase muy común es "make me case" cuando erróneamente se quiere decir 'hazme caso' y realmente significa 'haz mi portafolio'

En muchas ocasiones escuché errores en las maestras, pero lo que realmente me sorprendió fue la ocasión en que un centro de certificación de inglés envió una maestra para aplicar el examen a nuestros alumnos. Los formó y les dijo "yes you doubt, you say me, for answer question". Traducido literal palabra por palabra dice: "si tu dudas, tu dime a mí para responder pregunta". La frase debió ser: "if you have a doubt or question, let me know ".

 Los alumnos estaban confundidos por lo que la coordinadora le solicitó a la maestra que diera sus instrucciones en español. Se platicó con el centro de certificaciones y se les comentó la situación. Para mi sorpresa 3 años después la volví a encontrar dentro del centro de idiomas y aún cometía el mismo error: evidentemente ya era como un vicio.

Para quien empieza a aprender un nuevo idioma, lo que más trabajo le cuesta es la conjugación de los verbos. Muy seguido he escuchado a alumnos y papás decir que eso es muy complicado en el idioma inglés. Yo aprendí inglés y después español y al principio se me hacía complicado el español. Como ejemplo está el verbo "ir" que cambia totalmente la palabra según el tiempo en el que se conjuga.; de "ir" pasa a "fui" , "voy", cambia a "vamos", "fueron", "fuimos", "ido". En inglés el equivalente sería "go" que solo cambia a "went", "gone" y "going".

En una ocasión les pedí a mis alumnos una tarea sencilla en la que tendrían que describir en inglés a su mascota y les solicite que fuera en un solo párrafo. Una pequeña alumna de 3ro de primaria ,entrego 3 hojas impresas con la descripción de una cirugía de corazón a un perro ya que se le hizo fácil buscar en Google. En ese caso le expliqué que esa no era la tarea que yo había solicitado.

Principalmente los alumnos , pero en ocasiones las maestras, utilizan el traductor de Google. Es una buena herramienta, pero es importante tener un buen conocimiento del idioma porque puede resultar algo extraño. Por ejemplo, en inglés el país de Turquía se llama Turkey , que también significa pavo. Si digo " My heart is in Turkey " (mi corazón está en Turquía) el traductor pone, Mi corazón está en pavo. También los dichos son difíciles de traducir porque son un juego de palabras. Por ejemplo, en inglés, "The apple of my eyes" traducido al español sería, "La manzana de mis ojos", pero el dicho realmente significa "la persona que es dueña de mi corazón".

4. LOS PADRES DE FAMILIA

LOS COMPLICADOS DEL TRINOMIO

Los padres de familia son los difíciles del trinomio. Los maestros vemos lo que sucede en el alumno y queremos comunicárselo a los padres por el bien del niño. Créanos, no queremos problemas. Aunque no podemos meternos en la intimidad de la familia, nos damos cuenta de la situación familiar por la actitud del alumno o porque él mismo nos cuenta lo que está ocurriendo. Lo que queremos cuando los citamos es darles consejos o que tengan el panorama completo de su hijo, ya que su comportamiento puede ser diferente al de casa.

ENSEÑAR es la actividad realizada por la maestra, que consta de la presentación organizada de conocimientos, ideas, habilidades y técnicas.

EDUCAR es transmitir y formar a una persona en valores, con conocimientos de sus derechos y sus obligaciones.

En la escuela se enseña y en el núcleo familiar se transmite la educación.

Educar es más complejo que enseñar. Para enseñar se necesita saber, tener conocimientos de lo que queremos transmitir y aplicar las técnicas adecuadas. Para educar se necesita ser, se debe practicar la educación para transmitirla, se debe predicar con el ejemplo. Se enseña con conocimientos y se educa en el día a día. La enseñanza te da conocimientos y la educación te da la esencia de la persona,. La escuela enseña, la familia educa.

Un alumno dispuesto a asumir su responsabilidad de aprender, que recibe
conocimientos de sus maestros y un conjunto de valores en su entorno familiar,
y en menor medida en sentido inverso, se puede considerar con una formación
completa y en ese caso el trinomio Alumno-Familia-Escuela funciona
correctamente.

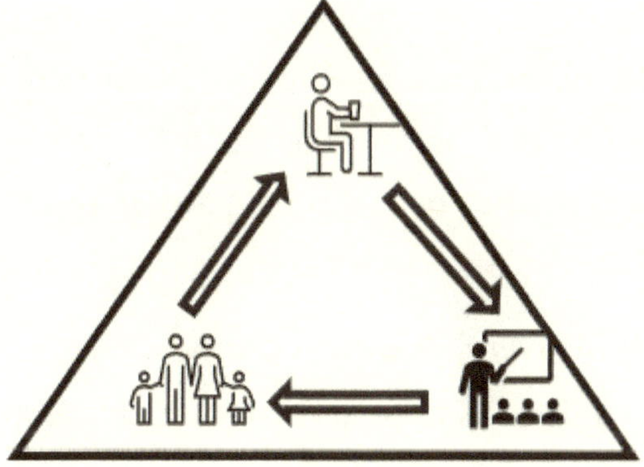

ORFANATO

Son muchas las satisfacciones que te da ser maestra. Aunque tal vez lo más difícil de esta profesión, son los padres de familia. Recuerdo que cuando los veíamos venir, sentíamos que teníamos que poner nuestros escudos protectores. No sabías por dónde vendría el ataque, si bien no todos los papás son así, ya que existen padres de familia con los que cuentas al 100%. Me refiero aquí a los padres de familia que tienes que citar por alguna situación delicada. Los ves venir desde lejos y sabes que la entrevista no será fácil. Y si vienen juntos el padre y la madre, seguramente venían discutiendo en el camino por lo que será peor e incluso penoso si frente a nosotros muestran sus problemas personales, lo cual en ocasiones es más complejo si es una pareja separada. Es entonces que nos damos cuenta de que la actitud y comportamiento del alumno tienen sus raíces en casa.

Recuerdo estar sentada en la oficina de la Directora de la escuela, justo frente a la alberca. Desde ahí veía a los alumnos correr y jugar alegres durante el descanso. Habíamos tenido cita con unos padres de familia, en la que el padre le reclamaba a la madre que no le dedicaba tiempo suficiente a su hija. Nosotras solo observamos ya que solamente nos corresponde aconsejar desde nuestro punto de vista y no podemos meternos en su vida privada.

Ya que se retiraron, vi a la Directora y me percaté de que tenía lágrimas en sus ojos. Despacio ella volteó para ver a los niños corriendo y me dijo "me equivoqué. No debí haber puesto una escuela." Yo le dije que viera lo feliz que eran los niños en la escuela, que les gustaba jugar y correr, a lo cual triste y reflexiva, la extraordinaria Directora me dijo, "Eso sí, pero mejor hubiera puesto un orfanato. Porque lo difícil no son los niños, son los papás".

A SU RECÁMARA

Habíamos citado a los papás de Rodrigo. Un buen chico que últimamente había recibido burlas y miradas de desaprobación de algunos de sus compañeros. El alumno no se defendía e incluso los justificaba. Decidimos citar a los padres de familia ya que sentíamos que sus reacciones eran muy inmaduras o inseguras para un chico de diez años; pensábamos que tal vez sería por ser hijo único, pero sentíamos que había algo más.

Lo papás llegaron puntuales y lo primero que dijo la mamá fue que no sabía porque estaban citados, ya que ella revisaba todas las tareas y si era necesario las volvía hacer hasta que quedaran bien. Se le dijo que la tarea era de Rodrigo y que rehacérsela lo estaban perjudicando porque se le solucionaban sus problemas.

Les dijimos que no se le había citado por algún tema académico ya que en ello estaba bien, que sin embargo sentíamos una inmadurez en Rodrigo para su edad y queríamos analizar cómo podíamos ayudarlo trabajando en conjunto. El papá vio a la mamá y dijo "ya ves, no es momento de que se vaya a su recámara, está muy chico aún" Así es, el pequeño Rodrigo dormía con los papás.

La mamá comentó que pensaban pasarlo a su recámara en Navidad, pero sería mejor que pasara un año más con ellos. Noooo, eso sería un error. Al decírselos se molestaron mucho ya que sintieron que les estábamos diciendo como llevar la situación en casa. No quisieron abrir su corazón para entender que solamente les dábamos consejos.

MIS PAPÁS Y MIS MAMÁS

Los padres de familia hacen las cosas como mejor les parece, ya que no existe un manual donde se explique cómo se debe educar a un hijo.

Hoy en día, con familias integradas de diferente manera se confunde a los niños. Aquellos que tienen papás divorciados y que pasan un fin de semana con uno y el siguiente fin de semana con el otro. Si le agregamos que cada uno tiene otra pareja y además hijos, lo complica aún más. La estructura familiar se vuelve muy enredada.

Un pequeño alumno de primer año de primaria levantó la cabeza muy sorprendido cuando se les pidió que dibujaran a su familia. Solamente se les pidió dibujar a mamá, papá y hermanos. El pequeño volteaba a ver a sus compañeros que ya estaban dibujando y seguía confundido. Me acerqué y le pregunté si todo estaba bien. Me dijo que no creía que una hoja del cuaderno fuera suficiente para incluir a toda su familia. ¿Por qué? le cuestioné, a lo que me respondió: "Es qué tengo qué dibujar a mamá Rocío, mamá Tere, mamá Elisa, y a papá Joel, papá Miguel y a papá Luis" Le expliqué que solamente a mamá y papá, con los que vive. Y me contó que todos ellos viven con él, además de seis primos. ¡Qué confusión ya que vivía con papás, abuelos, tíos y primos!. Le expliqué que sus papás son Roció y Luis, ya que así está en su acta de nacimiento. Después me enteré de que el papá Luis con el que vive no es el del acta de nacimiento. Si esto es confuso para nosotros, imagínense para los pequeños.

Existen familias donde los padres se divorcian, se separan, se queda la mamá con el hijo y normalmente la abuela está con ellos y es la que los educa.

El padre de un alumno se unió con la madre de un compañero de su hijo. El esposo de la nueva pareja, papá del compañero del hijo, se une con la mamá. ¿confuso ? y ellos a su vez ya tienen una hija .

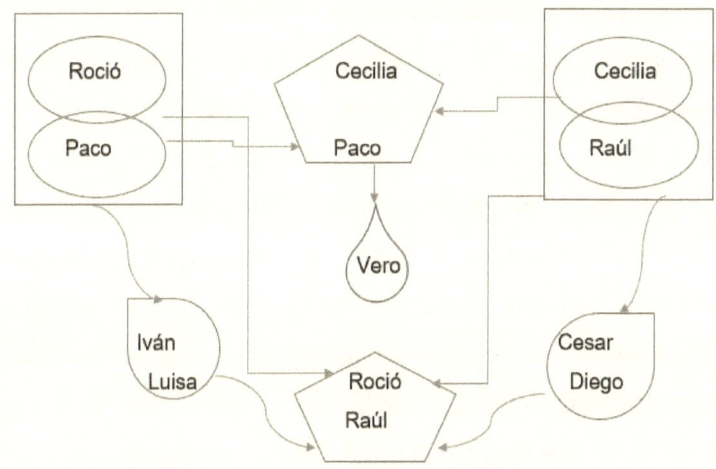

L

as maestras tenemos algo de conocimientos y experiencias que nos ayudan a poder aconsejar a los papás. Lo malo es que en ocasiones lo toman a mal. Creen que nos queremos meter en sus vidas y no es así. Nuestro corazón está en los niños y es por ellos que nos interesa dar consejos.

EL NOVIO DE MAMÁ

Selena era una niña muy guapa, coqueta, simpática y en ocasiones un poco rebelde. Trabajaba bien en clase y entregaba tareas y trabajos a tiempo. Pero de repente empezó a dejar de hacer tareas y se distraía con facilidad en clase. Cuando la falta de tareas fue más constante, le pregunté la razón por la cual no estaba entregando sus trabajos como antes y me contó que aunque comía rápido al llegar a casa no le daba tiempo de terminar la tarea porque llegaba el novio de mamá. Me explicó que mamá le decía qué tenía que apurarse porque una vez que llegara el novio, no la podría ayudar con la tarea. Con su inocencia, me platicó que durante la tarde, mamá y el novio se encerraban a ver televisión en la recámara de su mamá y que no se les podía interrumpir porque tenían que terminar una película antes de que llegara su papá. Selena seguía las indicaciones de su mamá, entre ellas, la de no decir nada a papá sobre el novio. Imagínense que pasaba por la cabeza de una niña de 9 años. Si bien cité varias veces a la mamá nunca se presentó; creo que estaba ocupada.

Por la inocencia de los niños y la confianza que nos tienen nos comparten situaciones que debemos manejar con mucho tacto y cuidado.

LA PEDRADA

En mi primer trabajo como maestra, sin experiencia y en una escuela donde no recibía apoyo de la Directora, tuve una de mis experiencias más difíciles.

Tuve una reunión con los papás de una niña que llegaba sin útiles y sin asearse. Era importante comentarles a los papás lo importante de esos dos temas y recuerdo mi nerviosismo al tratar de expresar algo negativo a los papás. El papá se empezó a molestar y me pidió que no me metiera en los asuntos privados de su familia; de hecho, salieron muy molestos de nuestra reunión.

Al terminar el día escolar me dirigí a mi automóvil y noté que los padres de mi alumna, con los que había hablado un par de horas antes se encontraban a contra esquina. Pensé que esperaban a que saliera su hija, pero de repente y de reojo noté que el señor me lanzó una piedra que pude esquivar, si bien impactó en el parabrisas del auto. Me subí muy rápido para arrancar y salir de ahí. Llegando a casa llamé a la escuela para informar lo que había pasado, se elaboró un reporte formal del incidente y se mandó al papá y a la mamá una orden de distanciamiento hacia mi persona. Finalmente tomaron la decisión de cambiar a su hija de escuela en lugar de escuchar mis recomendaciones.

Las Maestras con intención de mejorar los hábitos de higiene y calidad de vida expresamos opiniones que en ocasiones se perciben por los padres de familia de manera negativa.

VIENEN POR MÍ

Ismael era un niño tierno y cariñoso conmigo, pero sus compañeros se referían a él como extraño, como raro. Defendía siempre a sus compañeros de las injusticias y abogaba por ellos, pero aun así sus compañeros no lo aceptaban. Un día le pedí que me hiciera un dibujo de lo que él quisiera ya que quería ver un poquito de él en su dibujo. No tardó mucho en hacerlo y pude apreciar: una figura extraña, pero con mucho colorido. Al preguntarle qué era, me contestó: "obvio Miss, es mi casa". Le pregunté que dónde estaba su casa y me respondió "no la conozco, es la que va a venir por nosotros". Entendí que sería un hogar que venía del cielo y que pronto llegaría por ellos, por lo que intrigada le pregunté en qué programa de ciencia ficción lo había visto y su respuesta fue que no era parte de un programa, que era real y que estaban empacando para irse.

Esto era lo que lo hacía diferente a sus compañeros y por ello no se acercaban a él . Lo respetaban pero como siempre mencionaba cosas que sus compañeros no entendían, mejor preferían no convivir con él.

Debemos respetar todas las creencias tanto políticas como religiosas, hasta de fútbol. Pero a veces es difícil comprenderlas. Para explicarlas a los niños, precisamente utilizo el fútbol. Yo le voy a los Pumas , y tu al América, pero aun así podemos ser amigos.

REGÁÑELO, REGÁÑELO

Uno de nuestros alumnos de secundaria faltó varios días a la escuela. Se habló con su papá y su mamá a casa para preguntar la razón y nos comentaron que había estado en el hospital un poco delicado. Poco a poco fuimos enterándonos de la noticia: había estado solo en casa a cargo de su hermana menor y se le ocurrió tomar algunas sustancias energizantes que están de moda. Al parecer tomó más de lo que debería para un joven de su edad y con sobrepeso, lo cual le produjo un daño en el corazón, por lo que tuvieron que hospitalizarlo. Una vez dado de alta, se fue integrando poco a poco a la escuela.

Un día lo encontré junto con su papá en el supermercado. Yo iba acompañada de mi esposo y el papá nos saludó e inmediatamente dijo "regáñelo Miss, regáñelo.". Yo lo miré, sonreí y amablemente me retiré. Quería que regañara a mi alumno ahí, en el supermercado, frente a mi esposo. ¿A quién debo de regañar, al niño o al papá que no estaba presente cuando sucedió el hecho? Y además: ¿por qué frente a mi esposo en medio del super?

A veces los padres de familia se acercan a nosotros al encontrarnos en lugares públicos para tratar temas escolares que requieren ser tratados en la escuela.

En ocasiones también desean que resolvamos situaciones extra escolares en las que no podemos opinar.

¿Y LA EDUCACIÓN?

El pequeño Roberto era buen alumno. Trabajaba bien y entregaba a tiempo pero últimamente había estado un poco contestón. De hecho, había llegado a faltarle el respeto a alguna compañera por lo que decidí citar a los papás cuando le hice notar un error en su dictado, y me respondió: "¿y?, ¿qué tiene?" .

Llegaron los papás con 10 minutos de retraso, el cual justificaron porque argumentaron que tardaron más de lo que esperaban para poder estacionar su automóvil. En la sala de juntas, les expusimos la situación de su hijo y les comentamos que los habíamos citado para que trabajáramos en conjunto para el bien de Roberto. El papá se enojó muchísimo, se levantó y con su mano derecha dio un manotazo en el escritorio que nos dividía, mientras decía "Por eso lo mando a la escuela, para que lo eduquen" . De la forma más tranquila le respondí que en la escuela enseñamos, pero la educación viene de fuera. Enojado, salió diciendo que no estaba de acuerdo y que buscaría una escuela que se comprometiera a educarlo.

Debemos recordar que en la escuela se imparten conocimientos y en casa se educa con valores y el ejemplo.

5. IDEAS, SUGERENCIAS, TIPS PARA EL TRABAJO EN EL AULA

Mis inicios como maestra fueron en Estados Unidos cuando tenía 21 años. He impartido clases, principalmente de inglés como segundo idioma, pero también di clases de religión durante 2 años, de manualidades para niños durante 2 años, de teatro como talleres o presentaciones en la escuela o iglesia y de baile, como apoyo a mi maestra de danza, Miss Dulce Flor del Campo.
He impartido clases a niños desde beginners (1 año 8 meses) hasta adultos. He dado clases particulares y en escuelas donde he tenido grupos de hasta 40 alumnos.

He aplicado diferentes métodos, estilos de enseñanza y diversas técnicas y estrategias que me han resultado muy buenas, por lo que quiero compartirlas con ustedes.

Para ser maestra de inglés no es necesario ser native speaker; pero si saber enseñar. Es como si a ti que hablas español te pidiera que dieras una clase sobre el adverbio. ¿podrías?

Si no eres native speaker, te sugiero concentrarte más en practicar la pronunciación que en el acento. Todos los idiomas tienen acentos por regiones, por lo que tu acento es correcto mientras pronuncies bien. Para eso debes practicarlo. Fíjate bien en la pronunciación de las letras V y B; es importante marcar bien la pronunciación de cada una.

En inglés, las palabras que inician con la letra "S" se pronuncian iniciando con el sonido SSSS, como si fuera una víbora. Para recordar esto, puedes imaginarte una víbora , que en Inglés es SNAKE. ¿Cómo hace el SNAKE? SSSSSSnake

También te puede servir recordar algunos datos curiosos del idioma.

- Es el idioma oficial en 67 países.
- Solamente 2 palabras terminan en -gry:

    Hungry   y   Angry

- El alfabeto contiene 26 letras, pero son 44 sonidos diferentes.
- La terminación -ough tiene 9 diferentes pronunciaciones.
- La frase más corta es: I am.
- La palabra más larga es

  pneumonoultramicroscopicsilicovolcanoconiosis

  Y tiene un total de 45 letras.

- la siguiente oración contiene todas las letras del abecedario.

  THE QUICK BROWN FOX JUMPS OVER THE LAZY DOG.

- Cuando escribes el nombre del número 1 al 999, no existe una sola letra "a"..
- Ya que no se pronuncia como se escribe, el inglés es totalmente de memoria.

MAESTRA

1. Enseña, motiva. Me refiero a que no les des las respuestas o resultados a tus alumnos para que simplemente copien, motívalos a que los descubran.

2. Aprende de tus alumnos. Recuerda que los niños tienen mucho que enseñarnos: escúchalos y obsérvalos .

3. No es una ponencia. céntrate en ser facilitador y guía para que tus alumnos aprendan por ellos mismos. Deja que investiguen, pregunten. Impulsa su curiosidad y creatividad.

4. Trabaja de manera cooperativa. Trabajar en equipo es una herramienta pedagógica que sirve para que tus alumnos aprendan por sí mismos y también de otros compañeros de grupo.

5.   Permite los errores. Dales confianza a tus alumnos para que puedan cometer errores. Si les da miedo cometer un error, no querrán participar y pierden la oportunidad de aprender de forma natural. Reconoce sus participaciones y sus aciertos.

6. Busca otras alternativas para enseñar además de los libros. Existen diversas metodologías mediante las cuales es posible enseñar de forma diferente. Ya no es solamente la maestra frente al grupo. Es el grupo acompañado y conducido por la maestra. Sé creativa al dar tus clases. Los proyectos son un buen ejemplo de trabajo en equipo que permite que los alumnos aprenden entre ellos a buscar las respuestas de forma creativa.

7. Asume nuevos retos y metodológicas. Dales a tus alumnos nuevas herramientas. En Internet podrás encontrar muchísimos recursos para ello.

8. Nunca dejes de aprender. Aprende algo nuevo cada día. Aprende de tus alumnos, ya que tienen mucho que enseñar.

9. Paciencia. Es una de las cualidades más importantes y que más debes practicar. Recuerda que los niños pasan por cambios naturales, así como por diversas situaciones en sus entornos familiares y en ocasiones no saben cómo enfrentarlas.

10. Prepara la clase. Si tienes preparada la clase podrás tener mejor control del grupo ya que no te distraerás en lo que tienes que hacer.

11. Se empática. No es necesario ser simpática, pero si es muy importante ser empática. Recuerda que los niños quieren ser escuchados y comprendidos.

12. De pie. Procura dar tu clase de pie. Los niños tienden a relajarse si estás sentadas. Estando de pie puedes caminar más cerca de ellos y eso les da confianza y seguridad.

13. No lo sé. No tengas miedo de decirles "no lo sé". No somos enciclopedias y se vale no saber pero es importante que te documentes para que posteriormente les aclares sus dudas. Tómalo como una oportunidad de investigarlo juntos.

IDEAS QUE FUNCIONAN

Como maestra me gustaba buscar ideas que me facilitaran el control de grupo, especialmente cuando tuve 40 alumnos. Quiero compartir contigo las más importantes y a la vez las más sencillas, las cuales me ayudaron a dar clases desde preescolar hasta adultos.

Reglas claras

Es importante establecer las reglas del salón durante la primera semana de clases. Deben repasarlas diario, por lo menos durante 5 días y ser constantes en su aplicación.

Ejemplo de reglas que me funcionaron.

No interrumpir al maestro.

Levantar la mano para solicitar permiso para hablar.

Mantener limpio cada lugar.

Guardar silencio y prestar atención.

Sentarse de manera adecuada.

Pedir permiso para ir al baño, sacar punta o tomar agua.

No reírse o burlarse de los compañeros.

Palitos

Para que mis alumnos realizaran diferentes actividades y evitar que siempre les tocara leer, participar o dirigir, utilizaba palitos o abatelenguas con los nombres de los alumnos y los sacaba al azar antes de realizar alguna actividad. De esta forma, cuando algún padre de familia me decía que yo siempre o nunca escogía a su hijo, le explicaba que era totalmente al azar. Si se tienen varios grupos pueden utilizarse números de lista en lugar de los nombres.

Poema de entrada

Elegía un pequeño poema o canción para empezar la clase y cada mes escogía uno diferente. Los alumnos debían estar en su lugar y decirlo al unísono para que yo entrara al salón, con lo que evitaba llamarles la atención para que se sentaran y pudiéramos iniciar la clase.

Juegos

Los niños aprenden jugando, así es de que trata de adaptar tus lecciones para que sean un juego para tus alumnos

Instrucciones

La primera semana de clases diles a tus alumnos que les vas a proporcionar un ejercicio que deberán realizar. Todos deben tener el ejercicio boca abajo y a la indicación de la Miss voltean la hoja. Se les comenta que deben leer las instrucciones, contestarlo como se indica y que al terminar lo deben entregar a la maestra. Se les explica que no

podrán hablar ni hacer preguntas y que simplemente deben seguir las

instrucciones. En Internet puedes encontrar diversas ideas en español y en

inglés. Con este ejercicio los alumnos se darán cuenta de la importancia

de leer detenidamente y seguir las instrucciones. Aquí incluyo un ejemplo

para grupos de primaria baja, el cual se puede hacer incluso más largo.

Sigue al pie de la letra las instrucciones y resuelve el
ejercicio como se indica.

NOMBRE____

_____

____

_____

1, Anota tu apellido en el renglón de arriba.

2. Circula el número 6.

3. Escribe la palabra "bien" dentro del círculo .

4. Escribe el numero 1 dentro del triángulo

5. Escribe tu nombre en el renglón de abajo

6. Ya que leíste todos los puntos, solo contesta

    la pregunta número 5.

Brain break o descanso mental

Los niños están llenos de energía, por lo que estar sentado por varias horas es realmente terrible para ellos. Cada hora o cuando mucho cada hora y media se debe practicar un descanso mental por 5 minutos o un poco más para realizar una actividad física que reactive su cerebro. A continuación encontrarás una lista de ideas.

1. **Marcha militar** . los alumnos deben marchar como militares alrededor del salón por 5 minutos

2. **5-4-3-2-1** En este juego simple, los alumnos se ponen de pie y el maestro (o líder) les dirige para que realicen cinco movimientos diferentes en orden descendente. Por ejemplo, el maestro diría: "Haz cinco saltos, gira cuatro veces, salta sobre un pie tres veces, camina alrededor del aula dos veces, dale a tu vecino un choque de cinco dedos."

3. **Intercambio de lugares** . Pide a tus alumnos que se coloquen de pie detrás de sus sillas. Di un rasgo, y todos los que tienen ese rasgo deben cambiar de lugar con otro alumno con rasgos similares; aquellos que no tienen dicho rasgo permanecen donde están. Ejemplos: "Todos con cabello rizado". "Todos los que comieron cereal en el desayuno".

4.   **¡Vuelta, vuelta, vuelta!** En este juego los alumnos caminan por el salón diciendo en voz baja: " **Vuelta, vuelta, vuelta** " hasta que el maestro diga, "Grupos de 5", momento en el cual los alumnos deben agruparse rápidamente en grupos con la cantidad correcta de personas. Los alumnos que quedan deben hacer tres saltos antes de que comience la siguiente ronda. El maestro puede mencionar cualquier número. También puede agregar reglas tales como: tan pronto como se complete un grupo, todos los miembros deben sentarse en una fila.

5.   **Estatuas danzantes** . se pone música y los alumnos bailan o se mueven. Cuando la música se detiene, los alumnos deben congelarse y mantener la posición en la que se encontraban hasta que la música comience nuevamente.

6.   **Animales** Los niños más pequeños disfrutarán imitando a varios animales, o incluso objetos como trenes o aviones. La maestra dice un animal u objeto y todos deben imitarlo.

7.   **Desafíos físicos** Desafía a los alumnos a hacer algo físicamente difícil, como pararse sobre un pie con los brazos extendidos o a agarrar la nariz con la mano izquierda y el lóbulo de la oreja izquierda con la mano derecha y luego pídeles que cambien rápidamente para que su mano derecha la coloquen en la nariz y la mano izquierda agarrando el lóbulo de la oreja derecha. Las posturas de yoga también son una buena variación.

8. **¡Póngase en fila!** Haz que los alumnos se pongan en fila usando un criterio específico, como la edad (usa día y mes, no solamente el año), altura, alfabéticamente por segundo nombre, longitud del cabello, etc.

9. **Saltar, Saltar.** Pide a los alumnos que cuenten series de dos, cinco, diez, etc., mientras saltan con cada conteo. También lo pueden hacer deletreando palabras. Esto les ayudara para los SPELLING BEE.

10. **Saludar L**a maestra les indica a quien debe saludar, ya sea al compañero o compañera de la derecha , al de la izquierda ,el de atrás, etc.; lo importante es que lo hagan cada vez más rápido.

11. **La Ola .** hacer la ola de atrás a adelante , o de lado a lado es también una buena práctica.

12. **Codo , rodilla.** Tocar el codo derecho con rodilla izquierda, codo izquierdo con rodilla derecha a la cuenta de 1,2 -1,2.

13. **Hoy.** En su lugar los alumnos deberán hacer en mímica todo lo que han realizado en el día, desde que se despertaron.

14. **Gimnasia facial.** Los alumnos se paran en su lugar y hacen muecas de un lado a otro.

15. **A celebrar.** Los alumnos se imaginan que ganaron un campeonato y deben festejar en silencio. Pueden hacerlo con mímica exagerada.

Se pueden realizar muchos descansos mentales adicionales y para ello la creatividad es importante; en Internet podrás encontrar ideas adicionales.

Dinámicas grupales

Son actividades en grupo con el fin de integrar o conocer mejor a los alumnos. De igual forma incluyó para ti algunas ideas y en Internet puedes encontrar otras. Los grupos los puedes dividir por objetivos, edades o número de integrantes.

Las lanchas

Les comentas que están en un barco que se va a hundir, que los quieres rescatar y que para ello has traído unas lanchas de salvamento que ellos tienen que construir con varias hojas de papel periódico que has colocado extendidas sobre el suelo. La consigna es que en cada lancha (papel) caben cuatro personas. Puedes incluso usar un cronómetro o una canción para realizar una cuenta regresiva que haga la actividad aún más divertida.

Con esta actividad podrás ver cómo se comportan tus alumnos y alumnas mientras promueves que se ayuden y cooperen entre ellos, fomentando la comunicación y el contacto grupal.

Pelota imaginaria

En ésta, como en otras dinámicas grupales, los colocas en un círculo y les das una pelota imaginaria que tomarán con las dos manos. Cada alumno o alumna debe hacer algo con la pelota: botarla, pasarla a un compañero o compañera, lanzarla, imitar el movimiento de encestar en una canasta de baloncesto, etc., lo cual despertará su creatividad y además les activará físicamente.

¿Cómo estoy?

Les proporcionas una hoja a cada niño o niña para que dibujen un círculo grande y les pides que dentro de él dibujen un emoticono para explicar cómo se sienten. Les solicitas que un por uno lo muestren al resto del grupo, quienes deberán formular preguntas cuya única respuesta será "sí" ó "no" y el objetivo será saber por qué se siente así. La maestra puede ser la primera en iniciar la dinámica.

LOS PROS Y LOS CONTRAS DE SER MAESTRA

De chica jugaba a ser maestra, pero no pensaba en serlo de verdad. Me encantaba la historia y la geografía y al unir esas dos materias con el arte de enseñar me dio como resultado: Guía de turistas. Por lo tanto estudié Turismo.

Pero ser maestra lo traía en la sangre, pues mi mamá era maestra e incluso tuvo su propia escuela. Poco a poco fui entrando al mundo de la docencia; en un principio pensaba que ser maestra era entrar a un salón de clases y que en automático los alumnos se encontrarían sentados esperando mis indicaciones. En lugar de encontrarme en ese lugar fantasioso, descubrí la realidad.

Hoy en día los jóvenes son más activos, más curiosos e independientes, por lo que las maestras también debemos ser curiosas y creativas, sin miedo a innovar.

Lo positivo de ser maestra:

- Te da confianza en ti misma.
- Te sientes parte de tus alumnos
- Cultivas amistades
- Aprendes mucho
- El momento de mayor satisfacción es cuando reconoces en sus caras que aprendieron algo nuevo
- Eres un superhéroe para algunos de tus alumnos, especialmente para los que no tienen apoyo fuera de la escuela

❖ Las vacaciones de verano, porque dejamos de tener contacto con los alumnos.

❖ El salario.

❖ Los padres de familia; no todos, aclaro.

89

Ser maestra requiere de pasión y es mucho más que un trabajo; es tu esencia misma. Es muy satisfactorio, pero también frustrante. Habrá momentos en que te preguntaras las razones por las cuales lo estás haciendo y muchísimos momentos más en que sabes que enseñar es lo que más te gusta. Es increíble la sensación que te da el darte cuenta de que estás siendo parte del desarrollo de un niño que llegará a ser una persona de éxito en el futuro.

CONSEJOS PARA LOS ALUMNOS.

1. **Comer en clase**. Por favor no comas en clase, ya que te distraes y distraes a los demás y lo principal es que se me antoja tu comida. No importa cuánto lo ocultes: el olor de la comida te delata.

2. **Usar el celular en clase.** Existen momentos en que el celular es útil, pero en medio de mi clase no es el momento. Por favor no lo saques para consultar algo, recuerda que el jueguito que quieres ver estará ahí cuando estés en casa.

3. **Entregar trabajos sin nombre**. No tengo la habilidad de adivino, si bien tú sabes que es tu trabajo, yo no. Por favor ponle tu nombre.

4. **Pedir prestado un bolígrafo, o** una goma o cuaderno. Procura traer todo lo necesario para la clase, ya que tu maestra no trae la papelería entera para prestarle a todos. Y si te llega a prestar algo, regrésaselo por favor.

5. -**"¿Alguna pregunta?** Si la maestra hace esta pregunta, no es para que le contestes: "Sí, ¿puedo ir al baño?", es para algo relacionado con la clase.

6. Que te tardes media hora en el baño ya que te ha dado permiso. La maestra está contestando dudas mientras te está esperando para que no te atrases

7. "No **tenía internet**" es el nuevo "el perro se comió mi tarea". Si vas a crear excusas para no entregar tu tarea. No recurras a decir por tercera o cuarta vez que falleció tu abuelita.

8. Cuando tu maestro te pida explicaciones, evita darle largas. "Lo que pasa es que estaba por leer el libro cuando de repente….."

9. Espera a que tu maestro termine de dar las instrucciones antes de hacerle preguntas.

FRASES TÍPICAS QUE DICEN LAS MAESTRAS Y QUE SEGURO HABRÁS ESCUCHADO.

- ¿Quiere dar usted la clase o la continúo dando yo?

- ¿De qué se ríe? Cuéntenos el chiste, así nos reímos todos.

- ¿Sí me explico? ¿ O acaso hablo en chino o en otro idioma?

- Al que no le interese la clase, se puede retirar.

- Estos no son errores, sino horrores ortográficos.

- El grupito de atrás se me separa, ¡POR FAVOR!.

- No rayen los pupitres, ¿acaso ustedes rayan los muebles de su casa?

- Lo voy a explicar las veces que sea necesario .

- ¿Terminaron?, ¿puedo borrar?, necesito borrar.

- "Fulanito" y compañía, ¿ pueden guardar silencio, por favor?

- ¿Por qué guardan?, yo todavía no he dicho que se acabó la clase.

- "Fulanito", repítame lo que acabo de decir.

- Bajen la voz, que los del otro salón están en parciales.

- Chicos, no he tenido tiempo de corregir los exámenes, así es de que se los traigo la próxima semana.

- No se copien, que las preguntas son distintas.

- El próximo que hable, le quito un punto.

- ¿Saben el sacrificio que hacen sus padre para que ustedes estudien aquí?

- Cuándo el profesor escribe en el pizarrón: Profe, ¿copiamos eso? –No es de decoración.

- Reprobó porque no prestó atención en clase.

- ¿Alguna duda? ¿no? Bueno pasamos al siguiente tema.

- En mis tiempos respetábamos a los profesores.

- Si prestan atención, saldremos antes de la clase.

- En el futuro agradecerán que haya sido exigente.

¿Te recordaron a alguna de tus Maestras o a algún Profesor?

6. MIS COLEGAS

Ser maestra es interactuar con tus alumnos, los padres de familia y también con colegas, compañeras docentes. Pareciera que la maestra trabaja sola en el salón de clases, pero en realidad es un trabajo de equipo con otros maestros. Especialmente en los colegios y escuelas bilingües; cada grupo tiene normalmente dos maestras: la de español y la de inglés. Cada una da clases en su horario pero se requiere una buena comunicación entre ellas para coordinar sus clases y lograr el máximo aprendizaje de los alumnos.

Yo siempre tuve compañeras de grupo que daban español y yo daba inglés y con todas trabajé bien. Algunas de mis compañeras tenían veinte años o más de experiencia y otras empezaban su primer año.

En alguna ocasión mi compañera de español me confesó en los primeros días de clases que era su primer trabajo como maestra titular y que se le dificultaba tener un buen control de grupo. Cuando empezó a tener problemas con los padres de familia, me pidió apoyo; le di muchos consejos y la acompañé a citas con los papás. Un día me comentó que no esperaba situaciones como las que estaba viviendo y que sus prácticas de estudio siempre las desarrolló en equipos por lo que se sentía segura. Me dijo que consideraba que era demasiada responsabilidad tanto con los padres de familia como con los alumnos y antes de terminar el primer semestre decidió buscar un trabajo más bien de tipo administrativo porque sentía que cargaba un gran peso. Su comentario me extrañó mucho ya que el ser Maestra no se debe sentir como un gran peso, sino como una gran alegría, basada en el amor por los niños.

También he tenido compañeras con experiencia, que me aconsejaban mucho. Los primeros años que estuve en la última escuela en la que trabajé la comunicación con la Maestra de español se podía realizar únicamente durante el momento del cambio de turno y se limitaba a un "buenas tardes" y nada más. Parecía que trabajábamos en escuelas diferentes, ya que lo que sucedía en el horario de español no podía ser tratado en el horario de inglés y viceversa.

Afortunadamente, el sistema cambió y coincidió que me volvió a tocar la misma compañera; ese año nos pidieron trabajar en conjunto y nos solicitaron que hubiera constante comunicación entre nosotras, incluso la clase abierta debía ser en conjunto y de alguna forma debían estar ligadas. El tema de la maestra de español fue el Sistema Solar y lo ligamos con mi tema, que fue Brasil y el mundial de fútbol: por extraño que parezca, lo pudimos vincular. ¿Qué tiene que ver el Sistema Solar con el mundial de fútbol? ¿ Qué similitud o parecido físico teníamos la Miss de español y Yo? Realmente nada; ella de ojos café, y yo de ojo azul. Ella morenita, yo güerita. Hagan de cuenta la película de "Gemelos" con Danny Devito y Arnold Schwarzenegger. Y por supuesto que nos llevamos muy bien, tanto que somos "hermanas" y así lo creían algunos alumnos. De broma les decíamos que éramos hermanas, se nos quedaban viendo y concluían: Sí, sí se parecen.

Tuve de compañeras maestras muy preparadas y siempre actualizadas, al igual que una que otra totalmente despistada, pero siempre me llevé bien con ellas.

Como coordinadora de inglés de la escuela en los 3 niveles: preescolar, primaria y secundaria, procuraba tener equipos de trabajo cuyos integrantes se llevaran muy bien, ya que así es más fácil trabajar, si bien en ocasiones tuve maestras que no resultaron afines a nosotras.

En las entrevistas de trabajo solamente llegaba a conocer un poco de ellas y obviamente mostraban su lado más amable. Claro que si la entrevista en inglés comienza con la pregunta "How are you?" (¿cómo estás?) y la respuesta es "Me on father see hospital" (yo en papa veo hospital), le doy las gracias y sigo con la siguiente.

Realicé muchas entrevistas para contratar a probables Maestras. Recuerdo que alguna vez una chica llegó con su minifalda y piercing en el labio y hablaba perfecto Inglés. Podría hablar con ella sobre imagen, pensé. Seguí con la entrevista y comenté que el trabajo sería para iniciar el siguiente lunes y su respuesta fue: "no puedo". Me explicó que estaba en la ciudad donde se localizaba el colegio durante 3 semanas y que después se iría 3 semanas a Nueva York, que regresaría 3 semanas y se volvería a ir porque era su manera habitual de vivir. Le expliqué que el trabajo era continuo y requería de su presencia permanente, a lo cual me respondió que no habría mayor inconveniente porque dejaría el trabajo que los alumnos debería realizar durante las 3 semanas en que ella no estuviera en el colegio, ¿?. Lo sentí mucho, pero le tuve que decir que así no la podía contratar.

En otra ocasión entrevisté a una maestra, no tan joven, seria y bien arreglada; parecía buena candidata hasta que me dijo que en realidad buscaba mi puesto. Ah caray, se estaba entrevistando conmigo para quedarse con mi puesto.

Durante las entrevistas trataba de conocer a las candidatas haciéndoles ciertas preguntas clave; por ejemplo lo que le gusta hacer en su tiempo libre, la metodología que prefieren utilizar en el salón de clase o los motivos por los cuales quiere ser maestra. Si bien pongo mucha atención en sus respuestas y también en su lenguaje corporal, unas horas de entrevista es muy poco tiempo para conocerlas bien.

Recuerdo una maestra joven que estuvo solo unos meses. Fue un poco difícil trabajar con ella, ya que todo lo que le solicitaba era motivo de excusa o justificación para no hacerlo. Les había pedido a las maestras que trabajaran con videos en sus salones de clase para reforzar el aprendizaje del idioma inglés y les dije que antes de presentarlos a los niños era importante que los vieran ellas primero y que me los mostraran para evaluar si el lenguaje era adecuado y verificar que no incluyera escenas violentas.

Un día llegué a la escuela y el Director me solicitó que acudiera a su oficina porque tenía quejas de unos papás de primer año de primaria. Me pidió que viera el video que la maestra había mostrado a los niños el día anterior, lo cual me disgustó porque la maestra no me había solicitado autorización para enseñarlo ni me lo había mostrado. El director me comentó que les había proyectado una caricatura llamada Happy Tree Friends (suena bonito, ¿verdad?) y le dije que hablaría con la Miss .

Me comentó que era urgente por el contenido de la caricatura y pensé: ¿cómo? ¿qué tipo de contenido tendrá? Me mostró unos minutos de la caricatura y pude apreciar dos personajes, uno rosita y otro azul, uno de ellos sacó un machete y le cortó el brazo al otro, el cual en venganza le sacó el ojo y así seguían una serie de escenas nada gratas. Inmediatamente fui a hablar con la maestra y cuando comencé a hablar me interrumpió y me dijo que la caricatura no tenía nada de malo porque dado que los personajes no hablaban no existía un lenguaje fuerte. Le comenté sobre lo violento de la trama y literalmente se rio a carcajadas; realmente me sorprendió su reacción.

Al poco tiempo le pedí adaptar un cuento como obra de teatro para presentarla en inglés y eligió el cuento de Caperucita Roja, pero fueron más de 5 veces que le pedí modificarla porque la trama era muy agresiva. Como tenía muchos más alumnos que personajes del cuento original, la Miss le había añadido otros personajes, como el leñador que encerraba a la abuelita y luego se la daba al lobo para que se la comiera, el cazador que se llevaba a Caperucita Roja al bosque y luego la perseguía para ser devorada. Cuando le dije qué la trama seguía muy violenta porque se comían a la abuelita y a Caperucita Roja, lo modificó para que al final la abuelita matara al lobo y se llevaran al leñador a la policía. Obviamente la obra no se presentó.

Siempre hay que estar al pendiente y realizar los ajustes necesarios con las maestras. Cada grupo tiene su perfil y debe de ser compaginado con el carácter de la maestra.

En mis equipos tuve excelentes maestras y fue un gusto tenerlas en mi equipo de Inglés. Gracias, gracias , thank you!

Miss May, con mucha experiencia ,exigente con los jóvenes de secundaria y siempre participando en todo. Recuerdo un Día del Padre cuando al participar en las actividades que habíamos preparado se lastimó accidentalmente el pie, por lo que tuvo que utilizar muletas durante varias semanas. Con tantas escaleras en la escuela, la mejor forma de subirla era cargándola como costal de papas, labor en la cual nos ayudaba el personal de seguridad de la escuela. Ella lo tomó con buen humor y se dejaba cargar. Curiosamente compartíamos dolencias. Si algo me dolía, al día siguiente le pasaba a ella. O si a ella le dolía, después a mí me sucedía; qué curioso!

En una ocasión, Miss May y yo platicábamos en el patio de la escuela cuando se acercan una niña y un niño. La niña con mucha pena nos dijo: "mi hermano dico que ustedes son pareja" "¿eh?" "¿Nosotros?" Dije yo y de inmediato la niña contesto "Nooo, mi hermano dijo ustedes refiriéndose a mí y mi compañero de clase". Miss May y yo reímos un buen rato.

Miss Juanita, maestra muy responsable y entregada. Recuerdo que siempre tranquilizaba a los padres de familia en las juntas diciéndoles que ella cuidaría y vería a sus alumnos como si fueran sus hijos, que los trataría como esperaba que trataran a sus hijas. Excelente maestra!

Miss Fer, una joven maestra, con poca experiencia. Desde el momento que la entreviste sabía que era la persona indicada para integrarse a nuestro equipo. En su primer día con nosotros, teníamos un evento en la noche para conmemorar del Día de Muertos. Me imagino que todo le parecía extraño o diferente, pero participó y se integró muy bien desde ese momento. Muy buena maestra, con muchas ganas de aprender y no duda en preguntar. Le he compartido mis experiencias y conocimientos por su gran interés en realizar un gran trabajo. Tú puedes, Miss Fer y gracias por motivarme a escribir este libro!

Como coordinadora de inglés tenía que mantener comunicación constante con la Directora de Primaria, Miss Gina. Excelente maestra y estupenda mamá, si bien tenemos personalidades diferentes, hacíamos muy buena mancuerna y nos complementábamos muy bien! Le agradezco mucho porque siempre se preocupó por los demás y siempre se ha preocupado por mí, a pesar de que tenía demasiadas cosas en la cabeza. Siempre se daba el tiempo para preguntarme por mi salud, por saber cómo me sentía y siempre me ayudó en asuntos que a veces se me complicaban.

Con Miss Chris, nuestra psicóloga, nos entendíamos muy bien a pesar de que somos muy diferentes. A todos nos ayudaba, nos daba consejos y nos apoyaba en todo lo que necesitábamos. Gracias, Miss Chris, por tus consejos y apoyo!

Miss Auro, nos apoyaba en la dirección de la escuela. Cuando las cosas se sentían tensas y difíciles, nos hacía siempre sonreír. Muchas gracias por todos los detalles!

Miss Leonor, a quien conozco desde hace más de 20 años, fue maestra de mis hijos, colega en una de las escuelas en la que trabajé, compañera en la dirección de otra escuela y gran amiga. Curiosamente la amistad surgió despúes de 10 años de conocernos, pero siempre he sentido como si fuéramos amigas de toda la vida! Siempre admirada por mí, le agradezco sus sabios consejos, siempre tan acertados, mil gracias.

Miss Juanita, siempre tan cariñosa con sus alumnos. Me encantaba verla en el recreo sentada con sus alumnos alrededor. Platicaban y compartían el lunch y así se aseguraba de que primero comieran y después jugaran! Su expresión favorita "¿por?" .

Miss Cata, hermana. Su creatividad la demostró siempre en los proyectos tan increíbles que llevó a cabo con sus alumnos. Cuando trataron lo relativo al sistema solar convirtió su salón en un planetario, la transmisión de radio que nos remontó a el terremoto del '85, y muchos más. Excelente maestra!

Las maestras de español Erika y Mariza; gracias por su disposición y apoyo a las maestras de inglés siempre que fue necesario; su ayuda fue siempre muy importante. Los eventos como Spelling Bee fluían sin contratiempos por su gran cooperación! Gracias

Los profesores: Antonio, Tomas, Omar y Raúl, gracias por su ayuda y los gratos momentos que siempre nos hicieron reír. Les agradezco su disposición siempre que los requeríamos. Los acantonamientos, campamentos y festivales fueron un gran éxito por su cooperación e invaluable ayuda. Gracias!

Profesor Aaron, gran profesionalismo. Exigente, pero su disciplina lo ameritaba. ¡Festivales espectaculares en los que todos salíamos muy contentos! Guardo con mucho cariño sus comentarios acertados y su buen sentido del humor. Recuerdo entrar a la oficina y encontrarme con el cambio de nombres en los escritorios y pensar: "aquí estuvo Aaron". ¡Gracias por ayudarnos a apreciar la danza en todo su esplendor!

Vigilante Antonio, siempre respetuoso, trabajador y en su puesto. Sus largas piernas y gran energía vinieron al rescate en varias ocasiones: cuando la maestra dejó los sombreros en el autobús que se alejaba, cuando un perro ataco a un padre de familia, el día del temblor del 2017. ¡También su disposición a ayudar en cualquier situación! Gracias por ayudar a Miss May a subir cargándola como costal de papas.

Miss Yadira, con una alegre sonrisa nos recibía cada mañana y sus frases nos hacían sentir especiales. Con su extraordinario talento para la pintura y las artes decoraba los momentos especiales que vivíamos en la escuela. Su creatividad es extraordinaria!

Miss Ana Elisa, comprometida y dedicada a enseñar el gusto por el arte a los niños y llevarlos a una nueva forma de expresión con creatividad y talento!

Gracias a Miss Laura por haberme esperado para que me pudiera incorporar al equipo de inglés. Aprendí muchísimo de ella y le agradezco la confianza que depositó en mí en todo momento; solamente me falta el penacho par ser una verdadera native speaker!

Miss Macrina, al Licenciado Juan Carlos y a Miss Rose, mi gratitud por su confianza y apoyo. Gracias por permitirme colaborar en el colegio durante 11 años donde no solamente enseñé, sino que también aprendí mucho. Fue una gran experiencia llena de logros! Gracias.

Los alumnos me enseñaron la esencia de la vida y su inocencia fue siempre una fuente de momentos que me inspiraban y motivaban a seguir siendo Maestra. Los quiero y los recuerdo siempre!

A todos los que me han enseñado, aconsejado, apoyado y ayudado en mi trayecto como maestra, les agradezco cada momento y todo lo que aprendí de ustedes. Gracias!

A las que ya no están con nosotros: Miss Cabañas, Miss Mariana y Miss Carmen. ¡Gracias por ser un gran ejemplo para mí, de ustedes aprendí la esencia de ser maestra! La gran experiencia de Miss Cabañas me alentó a no tener miedo y dedicarme a lo más maravilloso: la docencia. La pasión por ser maestra de Mariana me motivó a superarme como maestra. La habilidad de Carmen para hablar con los padres de familia siento que me acompañaba durante las citas con ellos. ¡Gracias a sus ejemplos y grandes enseñanzas aprendí a ser maestra de corazón!

7. CONTRIBUCIONES

CARTA DE MISS FER

Conocí a Marie Perry en octubre del 2017 cuando fui a una entrevista en la escuela donde ella era coordinadora.

Dicha escuela era conocida como Belfort School.

Recuerdo que ella me atendió muy cordial, me entrevistó en español y luego en Inglés, di una clase muestra y me dijo que le había encantado conocerme, pero que había otra u otras personas -no recuerdo-, postulándose a la vacante también.

Total, que me llamaron para una segunda entrevista, para los exámenes psicométricos. A la psicóloga de ahí creo que le gustó mi perfil también. Desde que salí de mi primera entrevista salí pensando "¡Yo quiero ser de aquí!", y así fue.

En menos de una semana ya estaba trabajando con ellas. Todos en esa escuela me recibieron bien. Me costó ganarme a los niños pues entré en noviembre, ya que el ciclo había empezado. Pero juro que gracias la miss y a todas sus palabras alentadoras, porras y bonita energía es que seguí echándole muchas ganas. TODO en esa escuela me gustaba: la zona de trabajo, las instalaciones, el ambiente, la paga, el sistema y sobre todo trabajar con una persona así.

Marie Perry me "adoptó" en su grupo de Inglés, me dio muchas bases, muchas ideas para trabajar, muchos consejos y ánimo para seguir y sobre todo me tuvo fe desde un inicio.

SIEMPRE he estado y estaré agradecida con ella por todo, su cariño, paciencia, estrategias, porras, por haberme dado esa gran oportunidad de crecer y aprender.

GRACIAS MISS POR PERMITIRME SER PARTE DEL EQUIPO. ERES LA MEJOR JEFA, COORDINADORA DE INGLÉS QUE HE CONOCIDO Y HE TENIDO. Nadie te iguala.

Creo ella sabe que no soy la persona más efusiva y que diga palabras que no le nacen, pero esto viene desde mi corazón.

Lamentablemente el gran proyecto Belfort no continuó pues la escuela se vendió a una nueva escuela y cambió todo. Pero me quedo con lindas experiencias, aprendizajes, recuerdos lindísimos, el gusto de haber tenido un bonito equipo de trabajo, lindos niños y el placer de haber sido guiada por Miss Marie, quien tiene todo mi cariño, admiración, respeto y agradecimiento.

No quito el dedo del renglón de volver a trabajar con ella una vez más.

Aprovecho para agradecer dentro de este equipo a las segundas mejores: Gina Balbuena, Leonor Silva y Christiane Gandera.

¡GRACIAS POR LA EXPERIENCIA!

Fernanda Valles

CARTA DE MISS ERIKA

Miss Marie:

Te agradezco enormemente todo el apoyo que nos diste a Sofi y a mí cuando llegamos al colegio. Tus palabras fueron fundamentales para tomar la decisión de inscribir a Sofi en Belfort. Recuerdo que yo estaba indecisa acerca de Inscribir a Sofi o no en el colegio. Recuerda que un día me dijiste "Sofi está en la edad ideal para empezar a aprender inglés". En ese entonces ella estaba a punto de cumplir ocho años había pasado a Tercero de Primaria. Llegó sin saber nada de inglés y fue gracias a tu apoyo y el de mis Juanita que logró avanzar muchísimo a tal grado de que el siguiente año escolar presentó su examen en Cambridge en el cual salió muy bien. Nos apoyaste mucho: nos diste ánimos, motivaste mucho a Sofi, la apoyaste con los libros y eso fue decisivo para que ella lograra dar un avance impresionante en su nivel de inglés. Hoy en día ella va en sexto y te comento con un enorme gusto que actualmente las charlas que mantiene con su papá son casi al 100% en inglés. Fuiste determinante en el aprendizaje del inglés en la vida de Sofi. Jamás olvidaremos todo tu apoyo. También recuerdo que debido al trabajo yo no pude llevarla a la sede del examen de Cambridge y tú la llevaste con todo cariño y cuidado. Yo estaba preocupada por dejarte a Sofi y tú la cuidaste como tu hija, ella regresó feliz y hasta con un regalo que le diste.
Yo pude ver tu labor en Belfort como maestra y como mamá y en ambas diste el alma. Gracias por tu entrega y todo tu apoyo.

Un abrazo.

CARTA DE LA ALUMNA SOFI

Desde el día en que llegue a Belfort siempre me apoyaste, me ayudaste a conseguir los libros que necesitaba para el ciclo escolar. Nunca me fallaste, siempre eras muy positiva Y te gustaba ayudar a la gente, a mí me ayudaste mucho cuando algunas cosas se me dificultaban. Tu ayuda siempre fue muy útil y agradezco todo lo que hiciste por mí.
En una gran parte, gracias a lo que tú hiciste por mí, ahora mi nivel de inglés es muy bueno. Estoy muy agradecida.

El año siguiente, yo presenté el examen de Cambridge, pero ya que mi mamá trabaja, se le complicaba mucho llevarme, pero tú, como siempre, me apoyaste, y propusiste hacer el mayor esfuerzo para poder llevarme y que yo hiciera mi examen. Y así fue, el día de presentación del examen, me ayudaste a llegar hasta allá.

Cuando yo tenía dudas, tú hacías desaparecerla, siempre.
Gracias a su apoyo he aprendido mucho y agradezco.

Sofía Álvarez Tostado García

CARTA DEL ALUMNO RODRIGO

Miss Marie fue una de las mejores maestras que he tenido durante mis años escolares, aunque nunca fue mi maestra titular cuando ella suplía a alguien faltante me encantaba, siempre trataba de que todos estuvieran a gusto, siempre estaba ahí para escucharnos, ayudarnos y curarnos, yo no la veía muy seguido tal vez solo a la hora de llegada, pero a pesar de todo siempre la apreciaré.

Rodrigo Ballesteros

CARTA DEL ALUMNO LUIS ENRIQUE

Miss Marie:

Hola miss, me da mucho gusto escribirle y ayudarle a terminar su libro, antes que nada, quiero decir que usted fue una parte muy importante en mi formación como persona y como alumno le doy gracias por todo el apoyo y el cariño que me mostró. Voy a entrar a la prepa y la verdad elegir a donde me iba a ir fue una decisión muy difícil, al principio yo tenía claro que quería entrar a la prepa 8 de la UNAM. Inicié tercero de secundaria y vinieron a la escuela el Tecnológico de Monterrey, la IBEERO, la UIC y la UVM a exponer sus propuestas y me gustaron mucho la IBERO, la UIC y el TEC, con ayuda de mis papás inicié el proceso de inscripción a dichas instituciones, el primer examen que hice fue el de la UIC, la verdad yo pensé que sería un examen psicológico así que no estudié y reprobé matemáticas, pero fue admitido. El segundo examen fue el de la IBERO, para el cual, si estudié, al llegar vi a muchos chavos que venían con sus amigos y me sentí inseguro porque yo estaba solo, hice el examen y me sentí bien ya que no se me dificultó. Dos meses después me dijeron que había sido admitido. El tercer examen fue el del TEC, la escuela ofrecía un curso de preparación para el examen y lo tomé, en dicho curso hice amigos y me sentí muy bien preparado, hice el examen y me sentí mucho más seguro que con los anteriores. Un mes después me dijeron que había sido admitido y me dieron la oportunidad de competir por una beca académica debido a mi promedio y mi alto puntaje en el examen. El año escolar se terminaba y tenía que decidir qué opción quería, todas tenían sus ventajas, pero la primera en descartarse fue la IBERO ya que no me sentía cómodo en su comunidad, la UIC me ofrecía una beca del 40% de beca y el TEC una del 60%. La oferta del TEC era muy buena y pagamos la inscripción y la primera colegiatura, descartando así a la UNAM y a la UIC. Durante todo este proceso me acordé de usted y de los demás profesores de Belfort que me ayudaron y se esforzaron para prepararme y creo que esto muestra la buena educación que llevé durante los 5 años que usted me dio clases. Hoy en día puedo decir que soy una mejor persona y mejor alumno gracias a usted, todas las veces que quise rendirme me acordaba de usted, de como venía a la escuela a pesar de todo, que nunca se rendió y de todas las veces que me sacaba una sonrisa en momentos en los que yo necesitaba ayuda, más allá de lo que me pudo enseñar en lo académico me quedo con lo que le aprendí como ser humano. Gracias por todo miss.

Luis Enrique Ballesteros.

CONTRIBUCIÓN DE MISS LEONOR

Las cosas como son

Quiero platicarles una anécdota que les pondrá en evidencia una de las cualidades de Marie, tomar la vida como es, hacerle frente y resolverla con ese temperamento flemático tan suyo.

Un festejo en una escuela siempre implica desorden, falta de control, imprevistos y sorpresas. Pues bien, en una situación como esta empieza la historia. El festejo de Navidad en el colegio, el asunto medianamente controlado hacia la mitad de los villancicos. Marie esperaba la participación de su grupo cuando descubre a un chiquito de kínder acercándose peligrosamente a una barda que, del lado opuesto a donde él estaba, se elevaba como dos metros sobre el patio del colegio. Ante el eminente peligro que sufría el niño, Marie salió corriendo para hacerlo bajar.

Para llegar al lugar había que cruzar un camino de baldosas de formas geométricas que dividía una pendiente y unía dos secciones del colegio. Las formas irregulares e inclinaciones diversas del camino hicieron que Marie tropezara y se golpeare fuertemente la nariz con una de las piedras, fracturándola. Cuando me enteré del percance corrí a verla y se encontraba sentada esperando y tranquilizando a los directivos que no atinaban a hacer nada más que verla. Por supuesto que el asunto terminó en el hospital y la cirugía de nariz se programó para el día siguiente.

Por la tarde, fui a saludar a Marie. Al entrar casi no la reconocí, su cara estaba desfigurada de tan hinchada, pero ella con muy buen ánimo y platicamos largo rato. En un momento llegó una enfermera y Marie le pidió la acompañara al baño.

De regreso, muy solícita la señorita acostó a Marie cuyos pies temblaban visiblemente. ¿La tapo más? ¿Tiene frío? No, tengo Parkinson, fue la respuesta de mi flemática amiga que dejó a la pobre enfermera visiblemente consternada y sin saber qué decir. Esa es Marie.

LEONOR SILVA

CONTRIBUCIÓN DE MISS CATA

Recuerdo una anécdota '

Un lunes, en pleno acto Cívico solo Miss Marie y yo fuimos capaces de ver como un niño se desmayó. Nos miramos y caminamos al verlo en el piso, nuevamente nos vimos y pensamos lo mismo; que se estaba convulsionando. Miss Marie siempre tan segura dijo "gíralo" y se inclinó para acomodarle la cabeza. Cuando llegaron más a ayudar, él ya se pudo levantar.

¡que susto! ¡ qué acción de las hermanas!

Catalina García

CARTA DE MISS MAY

Hola querida.
 No es fácil poner en palabas lo que significas para mí.

Cuando te conocí no podía ver lo importante que serias en mi vida tanto profesionalmente como personalmente.

Me enseñaste a ver lo positivo de todas las situaciones. Me guiaste hacia una forma creativa de enseñar, haciendo que mi imaginación volara buscando actividades divertidas para que los chicos aprendieran y practicaran.

Sabias exactamente como animarme cuando las cosas no salían como planeadas y me ayudabas a ver los logros, aunque no eran intencionales.

Eres una persona que siempre apoya a los demás. En primer lugar a tu familia y las personas a tu alrededor .

Tu habilidad para organizar tus tiempos y actividades, tanto personales como profesionales es asombrosa. Parece que tienes tiempo para todo.

Compartías sinceramente mis preocupaciones y mis alegrías
Como en la ocasión que Miguel de 6to año apenas decía buenos días y nunca terminaba su trabajo. Un día escribió un cuento y cuando lo leí, llore porque logre llegar a él.
 Historia similar con Norma y Stephy cuando escribieron todo un dialogo en inglés . recuerdo que las lleve contigo . yo estaba muy orgullosa de ellas y tú de inmediato lees reconociste y felicitaste por su gran logro.

Todo lo que aprendí de ti me ha ayudado a ser mejor maestra , madre y
persona.

Solo puedo decir que Dios sabe lo agradecida que estoy por tenerte en mi vida.

Miss Maryan Ferrera

CARTA DE MISS GINA

Querida Miss Marie:

Te escribo estas líneas para agradecerte los aprendizajes y recordar tantas cosas que vivimos juntas en la Dirección de Primaria, de nuestro hermoso y extinto Belfort a lo largo de los últimos cinco años.

Ha sido un periodo muy importante en mi vida, juntas enfrentamos retos, tuvimos gratas satisfacciones y crecimos como profesionales y como seres humanos. Quiero que sepas que haber trabajado juntas fue muy grato, conté con tu apoyo siempre y deseo que tú también te hayas sentido con la confianza y tranquilidad de compartir todas las decisiones y proyectos que juntas emprendimos.

Hay tantos recuerdos, que me resulta difícil empezar por alguno sin recordar que fuimos afortunadas por estar en una comunidad escolar con grandes elementos, todos los que formábamos parte de esa Familia Belfort, como los Docentes que acompañábamos y que haciendo con ellos un trabajo de equipo, lográbamos culminar con orgullo los proyectos que emprendíamos; también debemos reconocer a la gran mayoría de Padres de familia, que eran nuestros valiosos aliados y los más dispuestos a trabajar y por supuesto a nuestros alumnos; la razón de nuestra entrega y esfuerzo, pues teníamos a muy buenos estudiantes, extraordinarias plantitas en crecimiento, sanos y brillantes.

Los tan agotadores pero al mismo tiempo, gratificantes eventos con Padres de Familia, que implicaban toda un planeación y logística que en más de una ocasión, tú llevabas a cabo, como Día de las madres, Día de muertos, Día del Padre; que fueron de mucho trabajo pero también de grandes satisfacciones al ver a nuestros alumnos desde los más pequeños de Preescolar hasta los mayores de Secundaria, cómo resolvían, bien plantados en el escenario o en el patio principal del Colegio, se hace nudo en la garganta al recordarlos. Las ceremonias cívicas y monumentales, que se enchinaba la piel de ver a la escolta de Secundaria, ser ejemplo de solemnidad en sus recorridos e izamiento de la bandera. Los divertidos acantonamientos, en donde los chicos terminaban súper cansadísimos y nosotras igual o más a las 10 u 11 de la noche, donde siempre estabas pendiente de la seguridad de los chicos. Las juntas tripartitas que eran reflejo de sincronización y que ameritaban tu acompañamiento, el de Miss Chris, el mío o de las tres. Las memorables citas con Papás. Los necesarios antidepresivos, que en ocasiones les cambiábamos de nombre. La planeación para el lograr con claridad y éxito las juntas de inicio, nuestro primer acercamiento con Papás. Así como todos los eventos que planeabas de inglés como el Spelling Bee y las obras. Tu invaluable apoyo para las conferencias, con tus acertadas observaciones. Los días jueves en que seguras estábamos de que serían pesadísimos por alguna extraña razón y donde buscábamos la caja amarilla.

Todos y cada uno de los días que pasamos en la escuela, ahora que lo pienso, sin lugar a dudas nos ayudaron a crecer y a templar nuestro carácter, cómo no recordar cuando teníamos que abordar citas delicadas con algunos Padres, donde sabíamos que no sería nada fácil conciliar y encontrar la mejor alternativa siempre en beneficio de nuestros alumnos; aquéllos sinsabores que en más de una ocasión enfrentamos y que con una mirada complementábamos o redoblábamos la caballería o que en otras terminábamos agotadas, casi atropelladas y confirmando que la educación es el arma más poderosa, pero los valores de raíz se dan en casa y los chicos son el reflejo de los Padres y la Familia.

Hay tantas cosas que admiro de Ti, como tu calidez, el amor a tu trabajo y a tu Familia, tu entereza ante la adversidad, tu espíritu de lucha, eres una guerrera, tu impecable organización, tu sentido de prevención ante cualquier posible imprevisto, tu capacidad para atender a los alumnos que manifestaban molestias y que se sentían mal y tu aplomo en situaciones de verdadera emergencia de salud; por mencionar un ejemplo, la herida en la frente de nuestro alumno de 1er. grado.

Tu genuino interés porque los alumnos aprendieran inglés, brindándoles un sinfín de herramientas e increíbles materiales didácticos, el entusiasmo para abordar nuevos retos con los Profesores y el acompañamiento y cercanía que tenías con ellos, planear e implementar con tanta creatividad las sesiones como Travel English o el Club de Conversación en Secundaria, mismo que me consta fue un gran reto.

Y que decir querida Marie de tu innata habilidad para aparecer las cosas que necesitábamos en el momento preciso, tan solo bastaba que buscaras en tu "chistera" y nos proporcionabas lo que te pidiéramos, o casi todo. O también de tu gran corazón y tu dadivosidad para con todos, siempre pendiente de los pequeños y grandes detalles, atenta para hacernos sentir a los que te rodeamos queridos, no solo en lo material, sino también en lo afectivo y emocional.

Aunque no todo fue miel sobre hojuelas, siempre has tenido la capacidad de ser objetiva y positiva ante la adversidad y ayudar a todos los que requieren de ti, estoy agradecida también por la semillita que sembraste en mis hijos, por tu ayuda para que junto con sus Misses de grupo, lograran los objetivos en el idioma inglés, pero sobre todo por el cariño que siempre les has tenido y ellos a ti.

Quiero que siempre recuerdes que has sido una gran compañera de trabajo y una muy buena amiga, no siempre se da esta combinación, pero soy afortunada por haberlo encontrado. Extraño mucho nuestro trabajo, sería espectacular coincidir de nuevo.

Segura estoy de que, con las personas con las que de ahora en adelante colabores, encontrarán en ti al valioso ser humano que eres y alcanzarán el éxito tal y como lo hicimos en Belfort.

Sabes que cuentas conmigo siempre.

Con cariño, Gina.

CARTA DEL ALUMNO FERNANDO

Querida Miss Marie:

Desde que te conozco he pensado que eres una gran maestra y una increíble persona, en los años que estudié en Belfort School, fuiste una de las personas más influyentes en mi aprendizaje y dominio del inglés, desde indicarme mis errores en los concursos de "Spelling bee", hasta darme consejos para realizar un buen examen de Cambridge, cuando presenté las versiones "Flyers" y "Ket". Recuerdo específicamente, cuando me encontraba en 6° año de Primaria, que cordialmente me hiciste el favor de llevarme a presentar una de las pruebas, y ese día tuve la oportunidad de visitar tu linda casa, conocer a tu hija y me acuerdo del momento en el que me comentaste: "Tenemos una ardilla en la casa", y creí que se trataba de una broma, pero te imaginarás mi sorpresa al ver a esa pequeña e inquieta ardillita que se paseaba en una habitación abierta.

También recuerdo un día en el que yo cursaba el 5° año, y nos platicaste a mi grupo y a mí que naciste en Texas y que viviste parte de tu vida allí, y que además nos relataste que en esa zona del país pasaban muchos tornados, y que cuando eras pequeña debías tener cuidado con aquellos desastres naturales.

Reitero que me has ayudado mucho, y que en gran parte no habría llegado a donde me encuentro de no haber sido por tu apoyo. Y estoy seguro de que continuará de la misma manera.

Fernando Pérez Balbuena, exalumno de Belfort School.

CARTA DE LA ALUMNA ANDREA

Querida Miss Marie,

Quiero empezar por decirte que te extraño, que eres y siempre fuiste una guía y una parte importante de la escuela para mí.

Siempre nos mostraste tu cariño y apoyo en todo, en los Spelling Bee, las ceremonias, conferencias, obras, festivales…

Recuerdo con mucho cariño y alegría todos esos años que estuviste con nosotros, conmigo desde que entré a la escuela y no conocía a casi nadie.

Como tu alumna, aprendí y me divertí mucho contigo.

Como cuando nos enseñaste cómo te sacabas tu ojo y te lo comías JAJAJA, o cuando nos ponías juegos y actividades entretenidas… como extraño esos días…

Fui afortunada de haber sido parte de una comunidad tan bonita como Belfort, con maravillosas maestras como tú, siempre cuidándonos y dispuestas a ayudarnos con mucho cariño. Tú, Miss, tan creativa y alegre. ♡

Espero verte pronto Miss, y que tú y toda tu familia estén bien.

Con amor, Andy.

CARTA DE MADRE DE FAMILIA

Miss Marie, qué felicidad recibir noticias tuyas, deseo que todo vaya de maravilla.

Hablar de Belfort me trae a la mente: empatía, amistad, entrega, calidad, pasión, esfuerzo, cariño, sonrisas, profesionalismo. Todas las palabras anteriores fueron reglaos de vida que las Misses me entregaron a través de innumerables momentos. Siempre tenían el comentario oportuno, la mirada de complicidad y el acompañamiento que me hizo sentirme tranquila en esta difícil tarea de ser mamá.

Gracias Miss Marie por tomarte el tiempo de llamarme a junta para hablar de Rodri cuando entró a primaria. Tus palabras fueron claves para estar más cerca de él. Gracias por todas las clases que les diste a Luis Enrique. Aprendió mucho de ti, no solo de lo académico, también como ser humano. Lograste transmitirle que el cansancio físico es diferente a la pasión por guiar y por enseñar. Él lo compartía conmigo y hoy está usando esas aprendizajes para continuar su camino.

En lo personal, me "recordaste" que una mirada dice más que mil palabras y me hiciste rememorar la frase "los ojos son el espejo del alma", tu mirada es sencillamente ENORME

Me hace feliz estar cerca de ti nuevamente. Mucho éxito en tu libro, estoy segura de que estará lleno de historias maravillosas.

Myriam Espinosa

TALLER MAESTRA CREATIVA

**Es el arte supremo del maestro
despertar la alegría en la
expresión creativa y el conocimiento.
Albert Einstein.**

A través de los años, mi forma de enseñar se fue moldeando. Estudiando nuevas técnicas y metodologías, encontré que la creatividad es esencial.

En ocasiones me encontraba con maestras temerosas de innovar y ser creativas. Es por eso que diseñé un taller de creatividad de 6 horas, para las Maestras.

En el mundo global de hoy los maestros deben ser creativos y estar bien informados. Deben estar preparados con recursos y materiales, mucho más allá de los libros y cuadernos. A través del taller los maestros refrescarán, encontrarán y mejorarán las técnicas creativas de enseñanza.

Es importante estar al tanto de los desafíos relacionados con los métodos creativos y la orientación innovadora en las aulas de hoy., ya que la enseñanza creativa se está volviendo esencial en este mundo global, siempre cambiante. Tenemos la caja de herramientas con los recursos que los maestros necesitan para guiar a sus alumnos en la resolución de problemas dentro del aprendizaje basado en proyectos, con un enfoque creativo.

Los alumnos deben ser guiados a través de actividades prácticas, participaciones y experiencias de primera mano para lograr habilidades como el pensamiento crítico y la resolución de problemas.

El contenido del taller le dará a cada maestro las herramientas necesarias para poder guiar a sus alumnos a el desarrollo de habilidades para los desafíos del mundo de hoy.

Los maestros participarán y aprenderán las características necesarias para ser un maestro creativo; nuevos métodos y enfoques para el control de grupo, planificación de lecciones creativas, recursos, actividades prácticas, estrategias para padres y muchas ideas creativas.

Solicita información a : marie.perry23@gmail.com

La educación no es el aprendizaje de hechos, sino el entrenamiento de la mente para pensar   Albert Einstein.

Anónimo.